缅怀和纪念华侨华人的历史贡献，
唤起人们对那一段峥嵘岁月的记忆……

中国人民抗日战争暨世界反法西斯战争中的华侨华人

中国博物馆协会华侨博物馆专业委员会
中国华侨历史博物馆 编

文物出版社

图书在版编目（CIP）数据

中国人民抗日战争暨世界反法西斯战争中的华侨华人/中国博物馆协会华侨博物馆专业委员会，中国华侨历史博物馆编. -- 北京 ：文物出版社，2015.12

ISBN 978-7-5010-4499-3

Ⅰ. ①中… Ⅱ. ①中… ②中… Ⅲ. ①华侨－反法西斯战争－史料②华人－反法西斯战争－史料 Ⅳ. ①K152

中国版本图书馆CIP数据核字(2015)第303598号

中国人民抗日战争
暨世界反法西斯战争中的华侨华人

编　　者：中国博物馆协会华侨博物馆专业委员会
　　　　　中国华侨历史博物馆

责任编辑：李　飏
责任印制：陈　杰

出版发行：文物出版社
地　　址：北京市东直门内北小街2号楼
邮　　编：100007
网　　址：http：//www.wenwu.com
邮　　箱：web@wenwu.com
制版印刷：北京荣宝燕泰印务有限公司
经　　销：新华书店
开　　本：889mm×1194mm　1/16
印　　张：15
版　　次：2015年12月第1版
印　　次：2015年12月第1次印刷
书　　号：ISBN 978-7-5010-4499-3
定　　价：280.00元

编委会

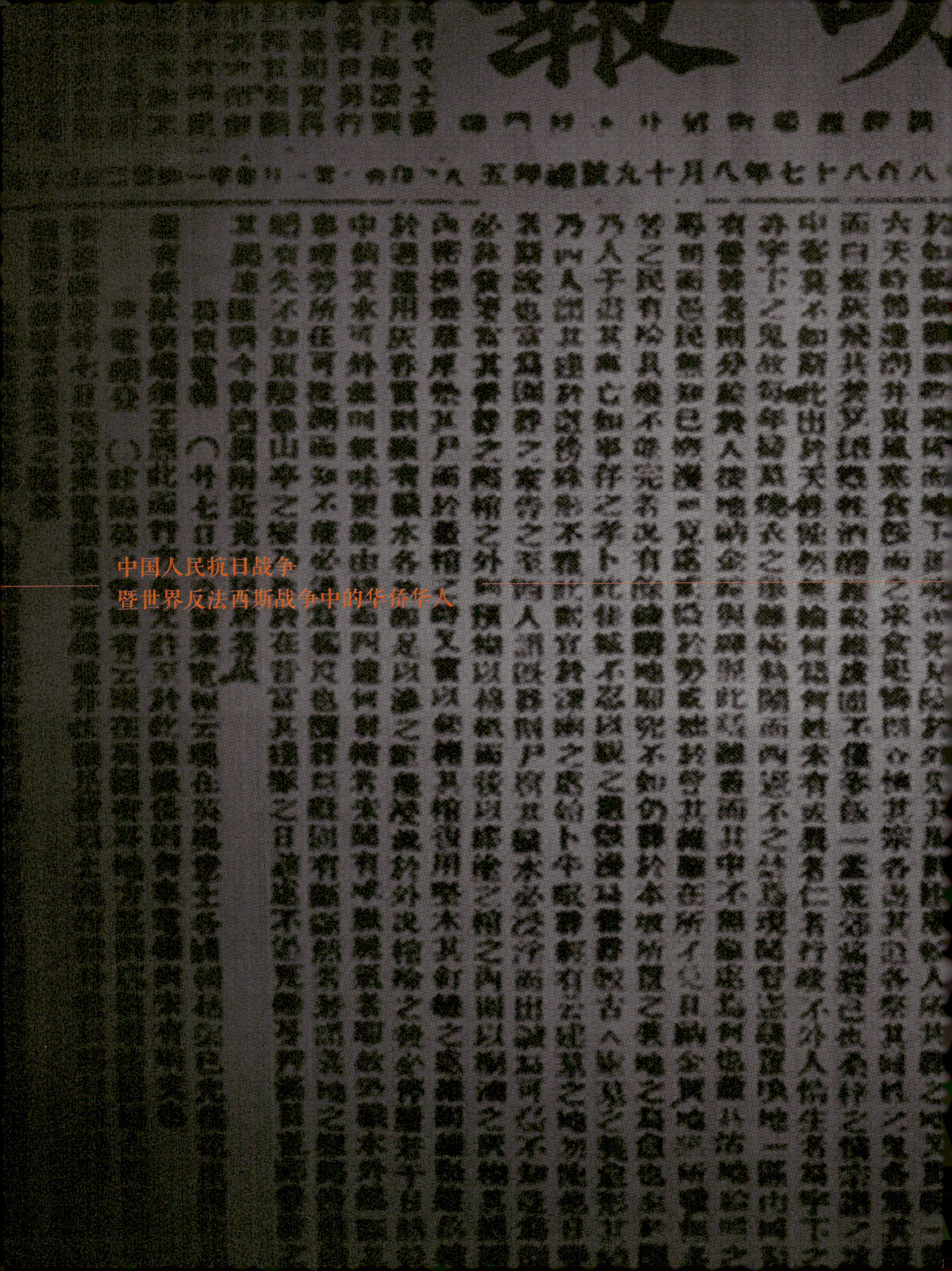

中国人民抗日战争暨世界反法西斯战争中的华侨华人

代序一

中华全国归国华侨联合会副主席
康晓萍

2015年是世界反法西斯战争胜利70周年，也是中国人民抗日战争胜利70周年。在这个特殊的日子里，在中国华侨历史博物馆举行“中国人民抗日战争暨世界反法西斯战争中的华侨华人”图片展览，意义重大。在此我谨代表林军主席和中国侨联向展览的举办表示由衷的祝贺。

中国人民抗日战争是世界反法西斯战争的重要组成部分，作为世界反法西斯战争的东方主战场，中国战事持续时间最长，中国人民遭受生命财产损失最大。中国人民以自己的鲜血和生命，推动了世界反法西斯统一战线的形成。

在那场人类浩劫中，数以千万的华侨华人与侨居地人民和祖（籍）国人民同仇敌忾，为世界反法西斯战争和中国人民抗日战争倾己所有，为匡扶人类正义事业奋不顾身，谱写出可歌可泣的悲壮历史篇章。

通过一幅幅历史照片，让我们看到华侨华人对祖（籍）国的关心和热爱，看到了他们维护世界和平的决心和对人类正义的坚守。

举办此次展览，不仅是缅怀华侨华人的历史贡献，也是希望唤起人们对那一段峥嵘岁月的记忆。前事不忘，后事之师。历史决不允许否认和歪曲，牢记历史并不是为延续仇恨，而是要以史为鉴、面向未来，是为唤起珍爱和平的良知与情感，与各国人民联合起来，共同防止历史悲剧重演。

在新的历史时期，相信在习近平总书记提出的建设人类命运共同体倡导下，广大华侨华人将同祖国人民一道，为维护世界和平与正义，促进人类的发展与进步贡献出自己独特的力量，为实现中华民族伟大复兴的中国梦和人类共同进步，奋勇前进。

预祝展览圆满成功！谢谢！

2015年8月21日

記信局
曾錦記信局

代序二

中国华侨历史博物馆馆长
黄纪凯

今年是中国人民抗日战争暨世界反法西斯战争胜利70周年，这是中华民族的伟大胜利，也是人类和平与正义的伟大胜利。

在那场正义与邪恶殊死搏斗的战争中，广大华侨华人不仅积极投身到祖（籍）国的救国救亡战争，也踊跃参与所在国家和地区的反法西斯战争，成为支持参与反法西斯战争历时最长、活动范围最广的移民群体，为最后的胜利与和平作出了巨大贡献和牺牲。为了铭记这段历史，缅怀他们的丰功伟绩，中国博物馆协会华侨博物馆专业委员会成员单位中国华侨历史博物馆、广东华侨博物馆、厦门华侨博物院、泉州华侨历史博物馆、黑河旅俄华侨纪念馆、江门五邑华侨华人博物馆、中国客家博物馆、泰州单声珍藏文物馆联合江苏省华侨公益基金会共同举办“中国人民抗日战争暨世界反法西斯战争中的华侨华人”图片展。

展览以中国人民抗日战争与世界反法西斯战争的历史进程和重要节点为背景与视角，从战争前的动员、宣传，到战争中的捐款捐物，参军参战；从支持中国抗击日寇到参与世界各国正义力量投身反法西斯同盟等多方面，讲述华侨华人浓浓的家国情怀和追求和平的进步理念。展览不仅展现华侨华人在支持中国人民抗日战争中的突出贡献，更是突出了华侨华人在整个世界反法西斯战争中扮演的角色和意义，充分还原了华侨华人历史形象。

展览除在本馆展出外，还将在各合办博物馆同期进行展览，各博物馆也会辅之以自己的藏品，使展览呈现出各自特色。此外，展览的素材还将提供给美国、加拿大、新西兰、澳大利亚等国侨界社团，由他们在当地举办相关主题展览，让更多的人了解华侨华人的这段历史和历史贡献。

此次展览是通过专业委员会这个平台将各地的华侨博物馆的资源整合起来，使各地华侨博物馆独具特色的藏品得到充分的展示，从而产生更大的社会影响，取得更好的社会效益的一次有益尝试。展览成功举办标志着中国博物馆协会华侨博物馆专业委员会及各成员单位向精诚合作，取长补短，开拓创新，互惠互利迈出坚实的一步，对于进一步扩大华侨文博事业社会影响力，促进华侨文博事业长期、健康发展，有着积极和重要意义。

最后，对专委会成员单位及江苏省华侨公益基金会对本展览的支持表示衷心感谢，祝本次展览圆满成功！谢谢大家！

2015年8月21日

目　录

前　言

第一部分　二战前的华侨社会

（一）漂洋过海 异域谋生　6
（二）各地唐人街　10
（三）华侨社会“三大支柱”　14
（四）婚俗节庆　18

第二部分　抗日战争中的华侨华人

（一）历史背景　22
（二）声援抗战　28
（三）抵制日货　38
（四）抵制废钢铁输日　40
（五）反对“和谈”坚持抗战　42
（六）形式多样的义演义卖　46
（七）募捐筹款 倾囊助战　56
（八）杀敌救亡 浴血奋战　80
（九）航空救国　87

（十）南侨机工 98
（十一）华侨奔赴延安 109
（十二）八路军中的华侨华人 111
（十三）新四军中的华侨华人 112
（十四）东江回国服务团 115
（十五）琼崖纵队中的华侨华人 118
（十六）抗日侨领与侨团 120

第三部分 世界反法西斯战争中的华侨华人

（一）正义结盟 持久抗战 130
（二）菲律宾华侨抗日游击支队 143
（三）马来亚人民抗日军 150
（四）东南亚其他华侨华人抗日力量 152
（五）华侨支持中国远征军 159
（六）苏联红军“中国旅” 161
（七）西班牙国际纵队 163
（八）华侨参加诺曼底登陆战 166
（九）华侨在欧洲作战 168
（十）美国华人参军 170
（十一）加拿大华人参军 174
（十二）澳大利亚华人参军 176
（十三）文学巨匠 爱国烈士 180

（十四）绵薄之力 虎口救人 182
（十五）投身科研 武器制胜 184

第四部分 欢庆胜利

（一）最后的胜利 188
（二）胜利的喜悦 190

第五部分 永远的纪念

（一）世界各地的纪念碑 198
（二）抗日战争时期华侨人口、财产损失统计（部分） 206

结束语

附 录 各馆参展文物与参展情况

（一）各馆参展文物 210
（二）各馆展览开幕式及观众观展情况 214

中国人民抗日战争
暨世界反法西斯战争中的华侨华人

图版

前　言

1945年9月2日，日本正式签字，向包括中国在内的同盟国无条件投降。至此，中国抗日战争胜利结束，世界反法西斯战争也落下帷幕。这次战争波及之大，影响范围之广，史无前例，它不仅是被侵略国家和民族的耻辱和创伤，也是人类文明史上惨痛的深刻教训。

为纪念中国人民抗日战争暨世界反法西斯战争胜利70周年，永远铭记战争，珍爱和平，我们特举办此次图片展，从各方面搜集选取有关图片资料，展现民族危难之际海内外中华儿女报国御侮的热忱和贡献，展现人类浩劫之中华侨华人维护正义与自由的不懈奋争，并以此纪念和缅怀在这场战争中遭受重创与建立功勋的华侨华人。本展览以中国抗日战争与世界反法西斯战争的历史进程和重要节点为背景与视角，从战争前的动员、宣传，到战争当中的捐款捐物、参军参战，从舆论宣传到组织动员，从倾囊相助到浴血奋战，从支持中国抗击日寇到与世界各国正义力量一道投身反法西斯同盟等等，全方位地讲述了华侨华人在这个波澜壮阔的历史时期，为了生生不息的家国情怀和进步理想，怎样同仇敌忾地用热情和鲜血奏出了捍卫人类和平、民主、自由的宏大旋律。

第一部分

二战前的华侨社会

海外华侨凭借其优秀品格和顽强精神，经过长期的艰苦打拼，在遥远的异乡生存发展。在第二次世界大战爆发前，已经形成了相对成熟的聚居社区。

（一）漂洋过海 异域谋生

1. 中国是世界著名的文明古国，自古以来就在政治、经济、文化等方面与周边国家和民族有着密切的联系和交往。中国人侨居海外亦历史悠久，最迟在唐宋时期，已有不少中国人因经商贸易、躲避战乱在东南亚驻足侨居。1840年鸦片战争以后，伴随着西方资本主义对殖民地的开发热潮，大量华工被贩运到海外，侨居世界各地的中国人大量增多。据统计，到20世纪30年代抗战爆发前夕，海外华侨人口数量已经达到千万之众。

图1-1-1

鸦片战争后，西方殖民者开始招揽中国劳工到世界各地从事繁重的劳动。图为由厦门出发的“契约华工”。

图1-1-2

抵达美洲后上岸的华工。

图1-1-3

华工抵达目的地后，从事繁重的劳动，受到残酷的剥削，死亡率很高，平均劳动寿命只有5年。图为抵达南非的华工。

2．早期华侨为了谋生，大多从事最艰苦的体力劳动，从荒山野林的开发、农田的垦殖、矿山的开采，到港口的兴建、铁路和公路的建造、城市的建设，都是华工与当地人民共同劳动的结果，体现了华工对当地经济、社会的积极贡献。

图1-1-4
在东南亚劳作的华工。

图1-1-5
在南非采矿的华工。

图1-1-6
在马来亚（今马来西亚和新加坡）淘洗锡米的客家“琉琅娘”。

图1-1-7
1881年加拿大开始修建横贯北美大陆最长的铁路，数万华人充当筑路工人，4000多人献出生命。

图1-1-8
在夏威夷甘蔗园劳作的华工。

（二）各地唐人街

华侨进入陌生的侨居地区，由于不熟悉当地语言和生活方式，同乡亲友等为了便于相互照顾聚集在一起，形成集居住、商铺贸易、社团集会和娱乐并具有鲜明中国传统特色的聚居区，一般称之为“唐人街”或“华埠”。华侨通过多年不断的拼搏，人口逐年增加，被称为华侨社会“三大支柱”的侨团、侨校、侨报也得到了蓬勃发展。二战前的华侨社会已经形成了一定规模。

图1-2-1

马来亚（今马来西亚和新加坡）的唐人街。

图1-2-2

新加坡的华人聚居地之一——牛车水街景。

图1-2-3

荷属东印度（今印度尼西亚）东爪哇华侨商业街之一。

图1-2-4

早期泰国曼谷的华侨批局。

图1-2-5

菲律宾马尼拉巴斯格河北岸地区的唐人街。

图1-2-6

20世纪初的日本横滨唐人街。

图1-2-7

1927年的英国唐人街。

图1-2-8

美国旧金山唐人街。

（三）华侨社会“三大支柱”

1. 华侨社团：华侨社团历史悠久，它是华侨华人社会的核心与缩影。它源于早期移居国外的华侨，为了团结互助、联络感情、共谋生存和发展，以宗亲血缘、同乡地缘、同行业缘等作为纽带，自发建立起自治组织，久之成为有组织的社团。在抗日战争全面爆发后，华侨社团发展迅速，通过在世界各地开展抗日救亡运动，为抗日战争的胜利作出了巨大的贡献。

图1-3-1
华侨社团创始之初，多以寺庙或义山管理机构的形式出现。图为加拿大坎卢普斯华人坟场一角。

2. 华文学校：中国人移民海外后，在各地形成了一定规模的华侨聚居区。他们为了能使后代继承中华文化传统，开始兴办华文私塾，到19世纪末又创办了新式华文学校。20世纪30年代是海外华文教育的鼎盛时期，不仅学校数量空前增多，教学水平也有了明显提高。据1931年一项调查统计，菲律宾、马来亚（今马来西亚和新加坡）、荷属东印度（今印度尼西亚）三地共有华文学校1238所，学生共有82778名。

图1-3-2

华侨学校的老师在讲授中国地理。

图1-3-3

美国旧金山的南侨学校。

3. 华文报刊：华侨华人在海外常以华文报纸、期刊、图书等作为团结互助、联系外界、交流信息和知识，反映思想舆论的工具，其中历史最悠久、影响力最大的是华文报刊。华文报刊对中国情况的不断报道，满足了华侨华人爱国爱乡的情感，并在一定程度上帮助了华侨华人参与到祖国的政治活动和建设活动当中。在世界反法西斯阵营中，华文报刊作为一支重要的力量，揭露了战争的罪恶，宣扬了世界人民反法西斯的决心。

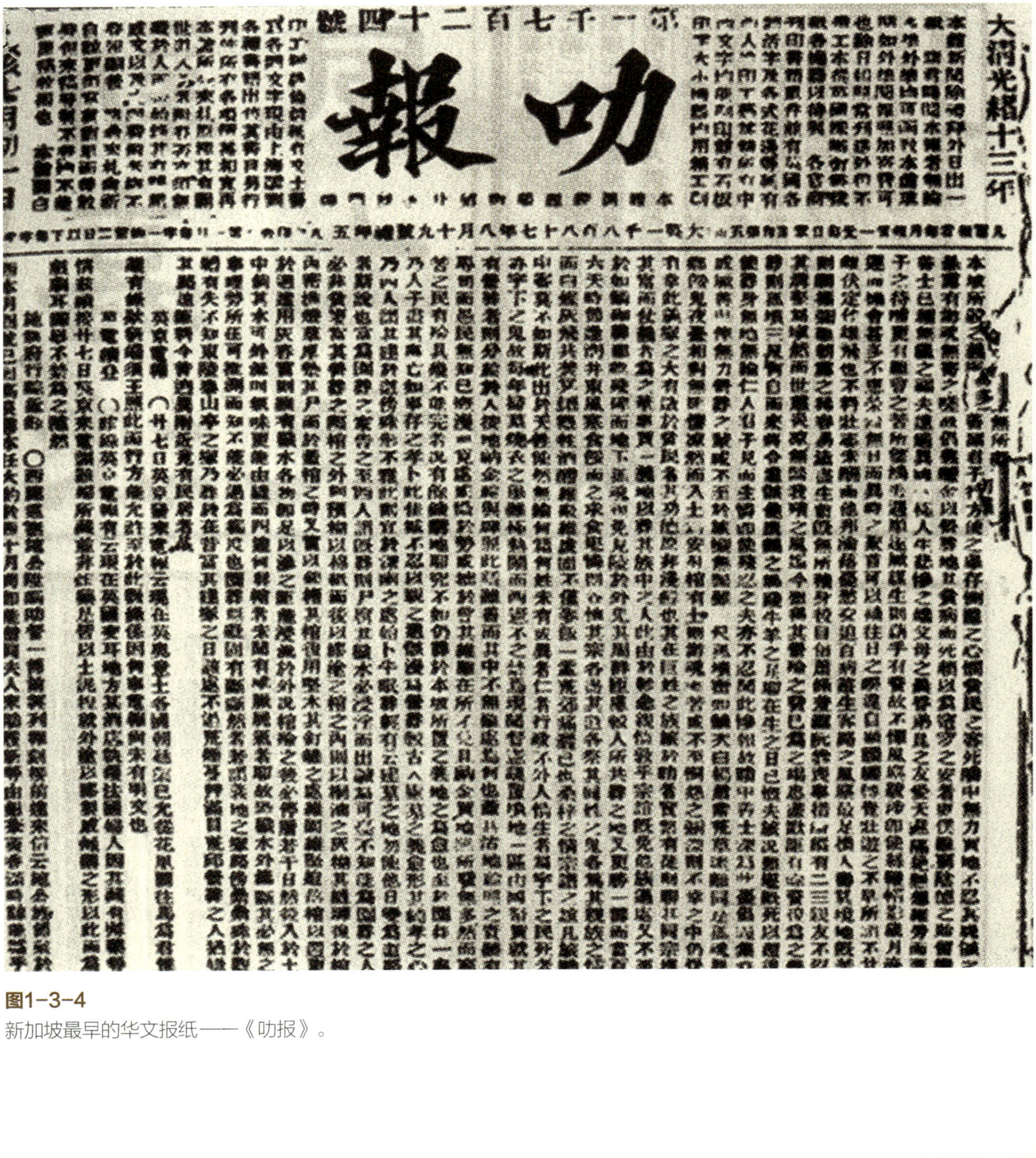
叻報
第一千七百二十四號
大清光緒十三年

图1-3-4

新加坡最早的华文报纸——《叻报》。

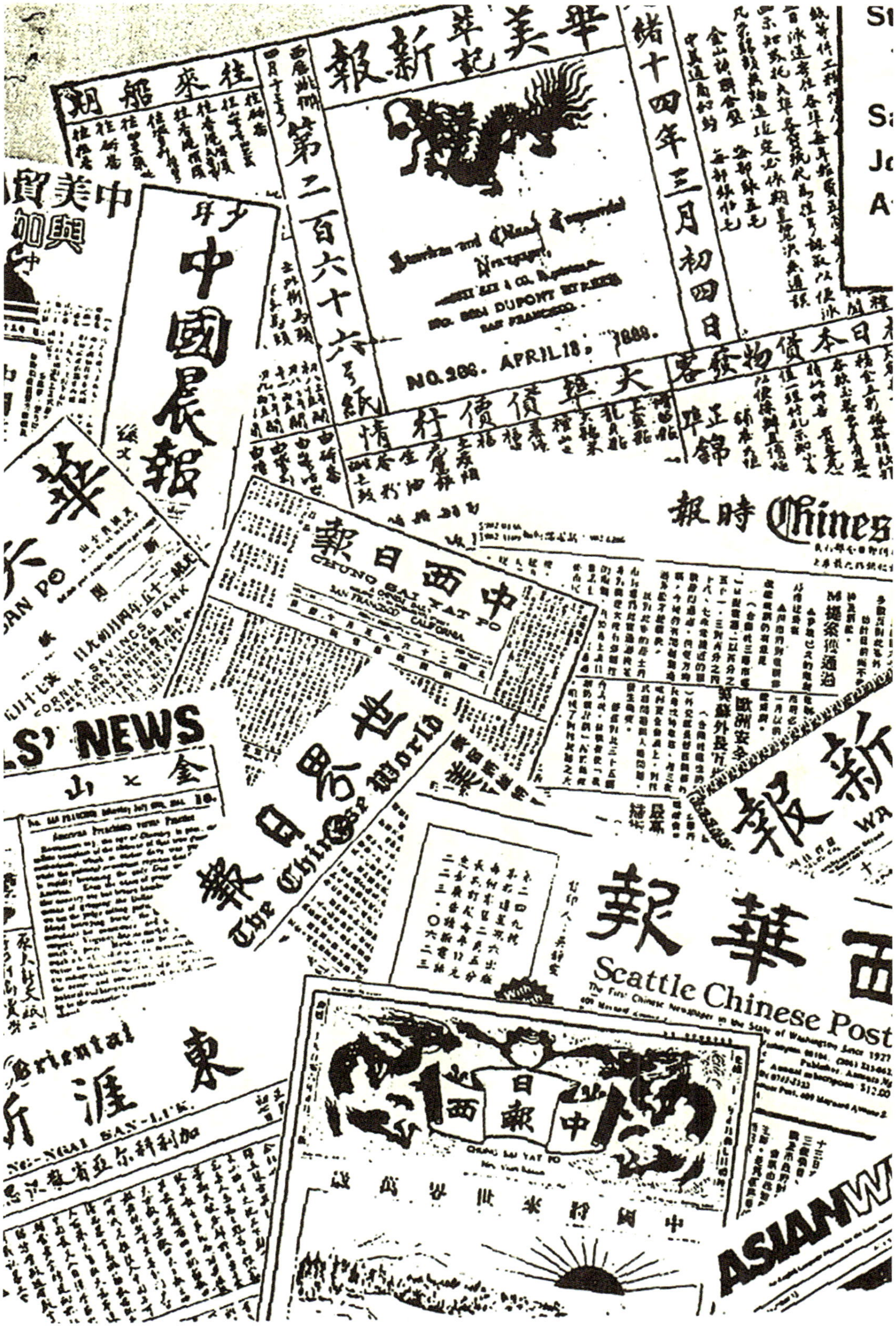

图1–3–5

美国旧金山的华文报纸。

（四）婚俗节庆

中国历史悠久，在思想道德、伦理观念、文化艺术，风俗习惯等方面都有着深厚的文化沉淀，华侨与当地语言文化上的隔阂，及对祖国传统文化、风俗习惯的热爱，使得中国传统的风俗习惯和文化信仰得以在海外长期保持。

图1-4-1
穿着传统结婚礼服的新加坡华族新人。

图1-4-2
二战前美国唐人街的节日游行。

图1-4-3
1927年的一位美国华人新娘。

图1-4-4
美国唐人街的新年游行。

图1-4-5

加拿大唐人街的醒狮队。

第二部分

抗日战争中的华侨华人

为争取中国抗日战争的胜利，海外华侨华人以空前的规模组织起来，以各种不同的形式支援祖国，开展了波澜壮阔的抗日救亡运动，为抗日战争的胜利作出了特殊的贡献。

（一）历史背景

1.“九一八事变”·1931年9月18日

1931年9月18日夜，日本关东军铁道“守备队”炸毁沈阳柳条湖附近南满铁路的一段路轨，并栽赃嫁祸于中国军队。日军以此为借口，炮轰沈阳北大营，“九一八事变”爆发。次日，日军侵占沈阳，又陆续侵占了东北三省。1932年2月，东北全境沦陷。此后，日本在中国东北建立了伪满洲国傀儡政权，开始了对东北人民长达14年之久的奴役和殖民统治。

图2-1-1
1931年11月菲律宾马尼拉华侨举行声援祖国的“救国大会”。

图2-1-2
“九一八事变”后，美国华侨掀起航空救国运动。图为1932年美国华侨航空救国会成员合影。

2.“一·二八事变”·淞沪抗战·1932年1月28日

“九一八事变”后日本为了转移国际视线，支援和配合其对中国东北的侵略并压迫南京国民政府屈服，于1932年初在上海不断寻衅挑起事端。1月28日晚，日本侵略者突然向闸北的国民党第19路军发起了攻击，随后又进攻江湾和吴淞。19路军在军长蔡廷锴、总指挥蒋光鼐的率领下，奋起抵抗。

图2-1-3
美国纽约华侨热烈欢迎蔡廷锴将军的情景。

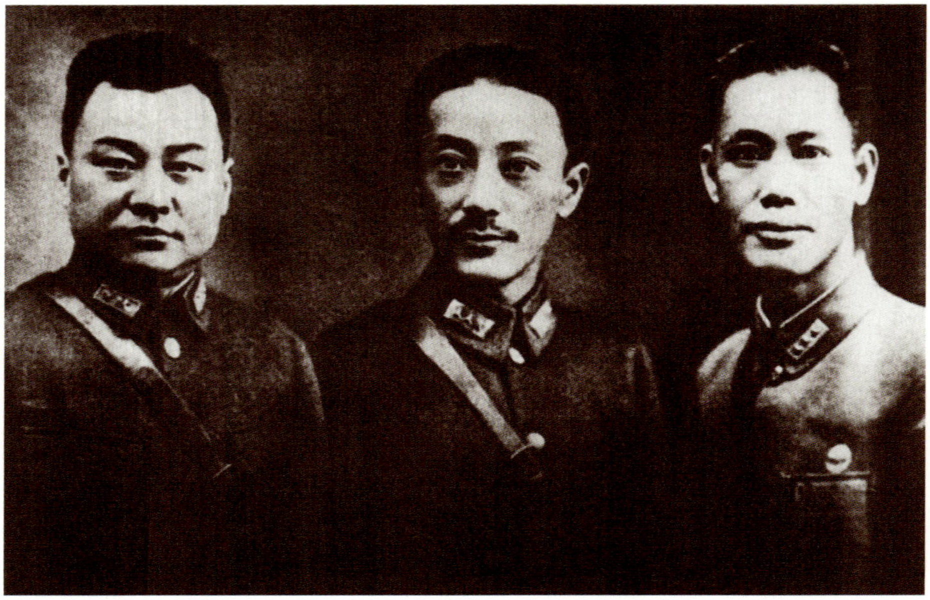

图2-1-4
参加淞沪抗战的第19路军将领戴戟、蒋光鼐、蔡廷锴为感谢华侨支持，曾将此帧合影分赠海外华侨团体。

3. 中国共产党发表《为抗日救国告全体同胞书》即《八一宣言》· 1935年8月1日

1935年8月1日，中国共产党驻共产国际代表团根据共产国际第七次代表会议上有关在各国建立反法西斯统一战线的要求，以中华苏维埃中央政府、中共中央的名义在莫斯科发表了《为抗日救国告全体同胞书》，即《八一宣言》。《八一宣言》是推动第二次国共合作的重要文件，意味着中国共产党实行抗日民族统一战线策略的开始。

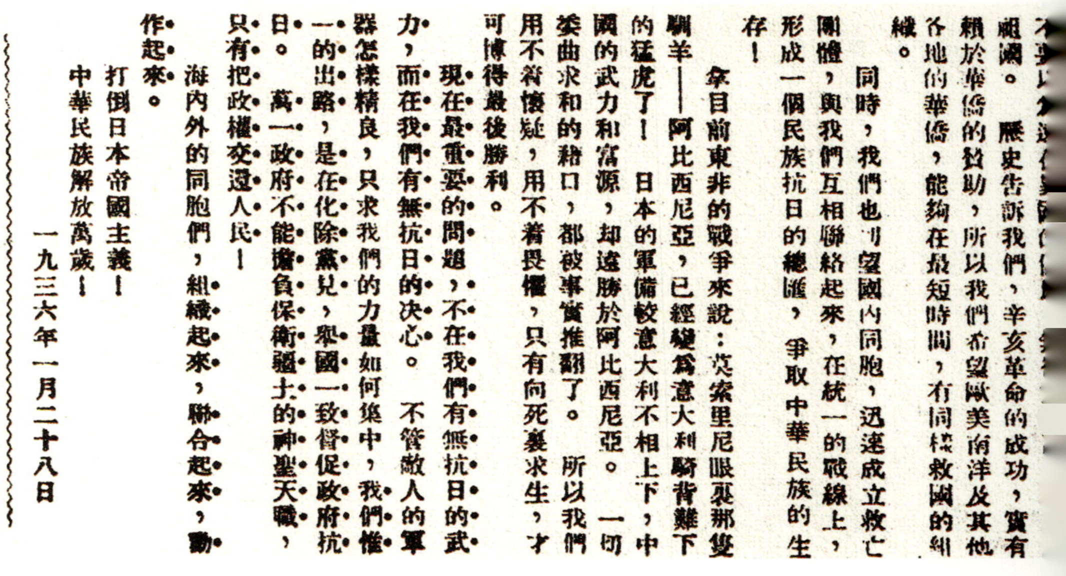

祖國。歷史告訴我們，辛亥革命的成功，實有賴於華僑的贊助，所以我們希望歐美南洋及其他各地的華僑，能夠在最短時間，有同樣救國的組織。

同時，我們也希望國內同胞，迅速成立救亡團體，與我們互相聯絡起來，在統一的戰線上，形成一個民族抗日的總匯，爭取中華民族的生存！

拿目前東非的戰爭來說：莫索里尼眼裏那隻馴羊——阿比西尼亞，已經變爲意大利騎背難下的猛虎了！日本的軍備較意大利不相上下，中國的武力和富源，卻遠勝於阿比西尼亞。一切委曲求和的藉口，都被事實推翻了。所以我們用不着懷疑，用不着畏懼，只有向死裏求生，才可博得最後勝利。

現在最重要的問題，不在我們有無抗日的武力，而在我們有無抗日的決心。不管敵人的軍器怎樣精良，只求我們的力量如何集中，我們惟一的出路，是在化除黨見，舉國一致督促政府抗日。萬一政府不能擔負保衛疆土的神聖天職，只有把政權交還人民！

海內外的同胞們，組織起來，聯合起來，動作起來。

打倒日本帝國主義！

中華民族解放萬歲！

一九三六年一月二十八日

图2-1-5
巴黎中华民众抗日救国会号召海内外同胞一致抗日。图为该会支援祖国抗战的宣言。

图2-1-6

《为抗日救国告全体同胞书》全文。

专载

巴黎中華民衆抗日救國會

號召海內外同胞抗抗抗抗日宣言

海外僑胞們，全國父老兄弟姊妹們：

日本滅亡中國的毒計，一步緊一步的實現。東三省淪陷於先，熱河失守於後，華北政權，旦已名存實亡；現在敵人的目力又集中到華南了。我們不願做亡國奴，能不團結起來抗日嗎？

自從九一八事變以來，我中華抗日鬥爭，風起雲湧；東北義勇軍不斷的苦戰，十九路軍及抗日同盟軍的英勇奮鬥，直到最近全國學生反對華北自治的大示威，這些可泣可歌的事實，沒有一件不顯示全國同胞誓死救國的犧牲精神，沒有一件不顯示中華民族抗戰的能力。不料政府當局只圖苟安，一再讓步；少數實力派，不能破除黨見，依然內爭：所以始終沒有形成團結一致共禦外侮的戰線。

這種不抵抗主義，已使我們失去了半壁山河。這種散漫分離的現象，將使中國有淪亡的危險！

因此，我們深深地感覺到：在這整個民族生死關頭，國內各黨各派，再不化除成見，聯合起來，站在抗日的陣線上，努力救亡，有五千年文化的祖國，定會沉淪在日本鐵蹄之下做殖民地了！

同胞們，時機迫切了！我們應當團結起來，督促政府抗日，動作起來，聯合民衆救國，「天下興亡，匹夫有責，」現在決不是我們互諉仔肩的時候！在這個信念之下，所以我們旅居巴黎的僑胞們，自動的組織了「巴黎中華民衆抗日救國會」我們的宗旨是超然的，永遠獨立的，一致對外的，我們決不受任何黨派所利用。我們主張融化一切黨派的意見，消滅內爭，把救國的熱忱，[illegible]一[illegible]，把救國的步驟，調整一致。

4. “七七事变” • 1937年7月7日

1937年7月7日夜，日军在北平西南卢沟桥附近演习时，借口一名士兵“失踪”，要求进入宛平县城搜查，遭到中国守军第29军严词拒绝。日军遂向中国守军开枪射击，又炮轰宛平城，29军奋起抵抗，这就是震惊中外的“七七事变”，又称“卢沟桥事变”。“七七事变”是日本帝国主义全面侵华战争的开始，也是中华民族进行全面抗战的起点。

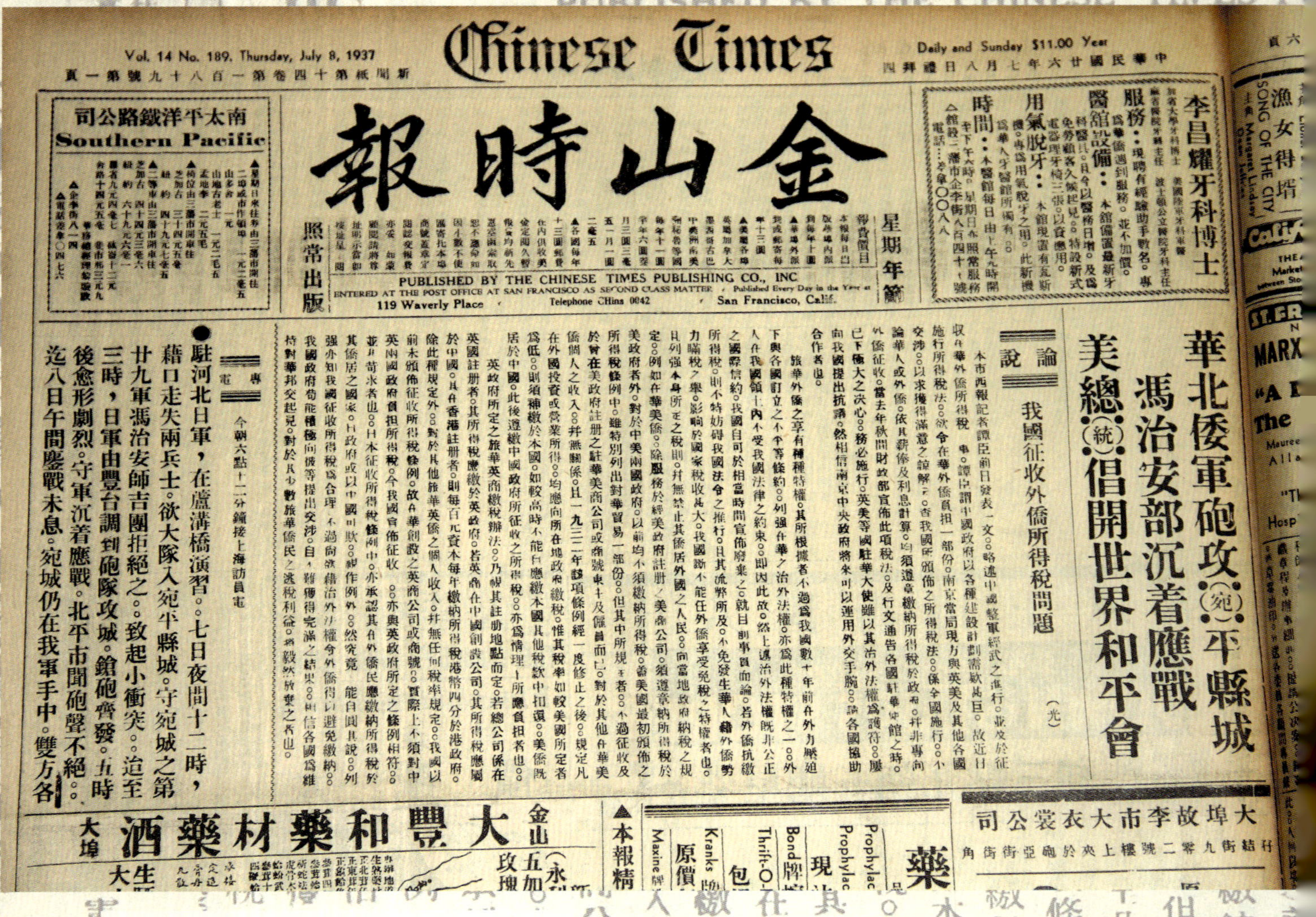

Vol. 14 No. 189. Thursday, July 8, 1937

Chinese Times

Daily and Sunday $11.00 Year

金山時報

PUBLISHED BY THE CHINESE TIMES PUBLISHING CO., INC

ENTERED AT THE POST OFFICE AT SAN FRANCISCO AS SECOND CLASS MATTER

119 Waverly Place　Telephone CHina 0042　San Francisco, Calif.

Southern Pacific

華北倭軍砲攻(宛)平縣城

馮治安部沉着應戰

美總(統)倡開世界和平會

專電　今朝六點十二分鐘接上海訪員電

●駐河北日軍，在盧溝橋演習。。七日夜間十二時，藉口走失兩兵士。欲大隊入宛平縣城。守宛城之第廿九軍馮治安師吉團拒絕之。。致起小衝突。。迨至三時，日軍由豐台調到砲隊攻城。鎗砲齊發。五時後愈形劇烈。守軍沉着應戰。北平市聞砲聲不絕。。迄八日午間鏖戰未息。宛城仍在我軍手中。雙方各

論說　我國征收外僑所得稅問題

大豐和藥材藥酒

圖2-1-7　《金山时报》对“七七事变”的报道。

5. 蒋介石庐山讲话·1937年7月17日

“七七事变”后，蒋介石在庐山发表讲话：“如果战端一开，那就是地无分南北，人无分老幼，无论何人，皆有守土抗战之责，皆抱定牺牲一切之决心。我们只有牺牲到底，抗战到底，唯有牺牲的决心，才能博得最后的胜利……”表明了国民政府决心领导全民抗战，反对妥协退让的对日立场。

图2-1-8

1937年7月7日，日本悍然在北平西南卢沟桥向中国守军发动进攻，中国守军第29军发出了“誓与卢沟桥共存亡”的誓言，跑步守卫阵地，进行反击。

Vol. 14 No. 199 Sunday, July 18, 1937

Chinese Times

Daily and Sunday $11.00 Year

中華民國廿六年七月十八日禮拜日

金山時報

PUBLISHED BY THE CHINESE TIMES PUBLISHING CO., INC.

119 Waverly Place San Francisco, Calif.

照常出版

敵機抵台灣圖擾長江華南

倭謀急進派員飛天津傳訓

蔣（介）石稱秉既定方（針）禦侮

選論

日本經濟危機的分析 （禹）

這幾年來。日本不斷的實行着對外擴展政策。。在經濟方面更陷於殘破的境地。這是誰都知道的事實。。最近這種殘破程度越發加大。。幾乎有不可收拾的趨勢了。這我們從生產貿易。。物價財政等各方面可以明白地看出來。。

專電

今晨六點卅一分鐘接上海訪員電

●蔣介石在廬山談話會報告軍事。。對華北問題决本中央既定方針進行。。雖極望和平。。但不接納任何條件。。決以全力禦侮。。

●日本派柴山永津飛天津。。傳達訓令於香月等。。對中日談判不容遷延。。因此天津日軍司令部十七日澈夜會商。情勢陡形緊張。十八夜為雙方於十一日口頭上約定停戰一星期之期限屆滿。。局面即將開展。。如日軍來攻。。我決出應戰。。

●日軍與輜重陸續入關抵大津。。由十七晚起，北平已加緊戒備。。

●十八日，行政院各部會長在王寵惠私邸開談話會。討論對付華北事件方針。

●孫科推欵二十萬元。。託楊子毅在中山縣建立孤兒養老兩院。。紀念母教。。以垂永久。。

图2-1-9

《金山时报》对庐山讲话的报道。

（二）声援抗战

抗日战争爆发后，世界各地的华侨积极投入到其中。他们利用报刊、传单、游行、戏剧演出等多种形式声援祖国的抗日战争，并且在世界各地揭露日本帝国主义的罪恶行径，争取国际社会的同情和支持。广大华侨倾心倾力为祖国筹款集资，举办各种捐款活动，踊跃认购救国公债，并且捐献飞机、救护车等战略物资，成为了祖国抗日战争的坚强后盾。更有大批华侨热血青年直接回到祖国参与战斗，加入机工团、服务团、医务队等，其中华侨飞行员更是中国空军的作战主力。

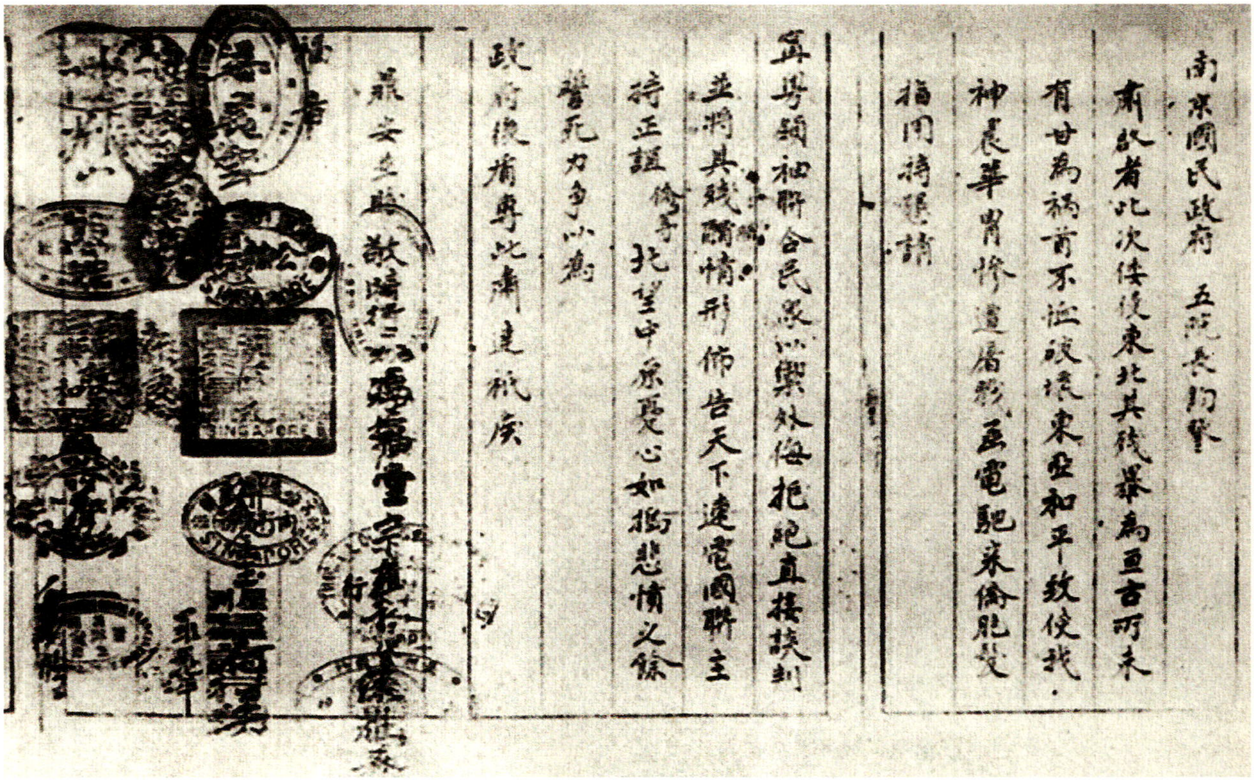
南京國民政府 五院長均鑒
前敵者此次倭侵東北其殘暴為亙古所未
有甘為禍首不恤破壞東亞和平，致使我
神州華胄慘遭屠戮，亟電馳來僑胞髮
指同特懇請
政府領袖聯合民眾以禦外侮拒絕直接談判
並將其殘酷情形佈告天下速電國聯主
持正誼 僑等 北望中原憂心如焚悲憤之餘
誓死力爭以為
政府後盾專此肅達祇候

图2-2-1

“九一八事变”后，海外华侨纷纷致电中国政府要求抗日，表示“誓为后盾”。图为1931年9月28日新加坡敬时行等18个侨团发往南京的快邮代电。

图2-2-2
“一·二八事变”爆发后，旅美华侨和美国人民举行游行，抗议日军侵略上海。

图2-2-3
加拿大华侨决议筹集捐款，支持东北抗日义勇军。图为捐款现场。

图2-2-4

在美华侨华人集会要求国民党政府取消一党专制，联合全民抗日。

图2-2-5

纽约华侨举行游行，声援祖国抗战。

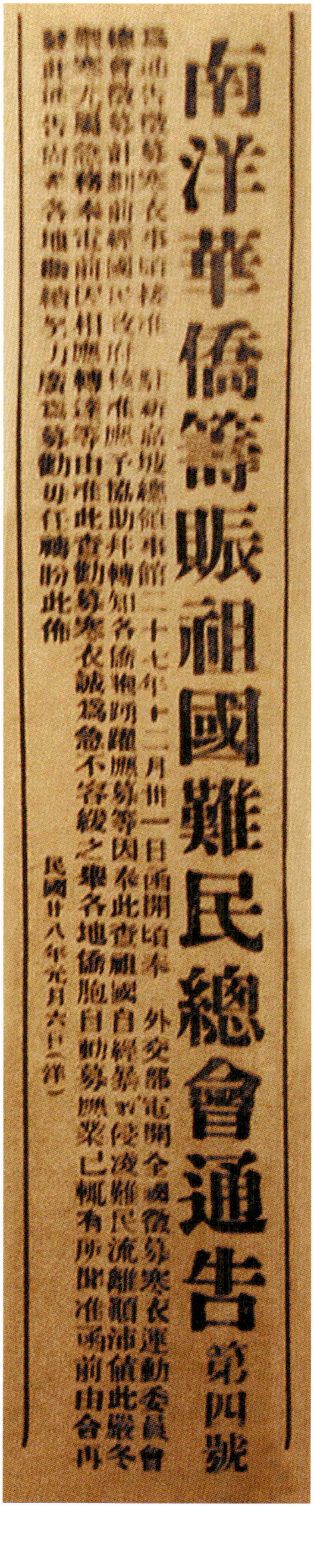

南洋華僑籌賑祖國難民總會通告 第四號

爲[illegible]徵募寒衣事頃接准 駐新嘉坡總領事館二十七年十二月卅一日函開頃奉 外交部電開全國徵募寒衣運動委員會總會徵募計劃前經國民政府核准照予協助并轉知各僑胞踴躍慨募等因奉此查祖國自經暴日侵凌難民流離顛沛值此嚴冬[illegible]寒方殷[illegible]本會前已用[illegible]轉洋等由准此查勸募寒衣誠爲急不容緩之舉各地僑胞自動募集已輒有所聞准函前由合再[illegible]告尚希各地僑胞努力廣爲募勸以[illegible]盼此佈

民國廿八年元月六日(洋)

图2-2-6

刊登《南洋华侨筹赈祖国难民总会通告》的《南洋商报号外》。

图2-2-7

美国华侨华人积极开展国际援华活动，图为纽约华侨参加和平民主大游行。

图2-2-8

美国华侨妇女积极参加游行，揭露日本侵华罪行。

图2-2-9

1938年1月，新加坡华侨同当地各族人民一起举行抗日示威游行。

图2-2-10

旅美华侨与美国民众一起举行游行，宣传对日制裁、声援祖国抗战。

图2-2-11
1939年8月，美国华盛顿华侨举行游行，声援祖国抗战。

金陵團

图2-2-12

1937年底，《南洋商报》、《星洲日报》等十余家侨报的15名记者联合组织南洋华侨战地记者通讯团，于1938年回国到武汉进行战地采访。

图2-2-13

1938年，新加坡《星洲日报》特派华侨女记者黄薇赴八路军总部采访。

图2-2-14

抗战期间，《南洋商报》记者张楚琨（右）采访新四军华侨军长叶挺（左）。

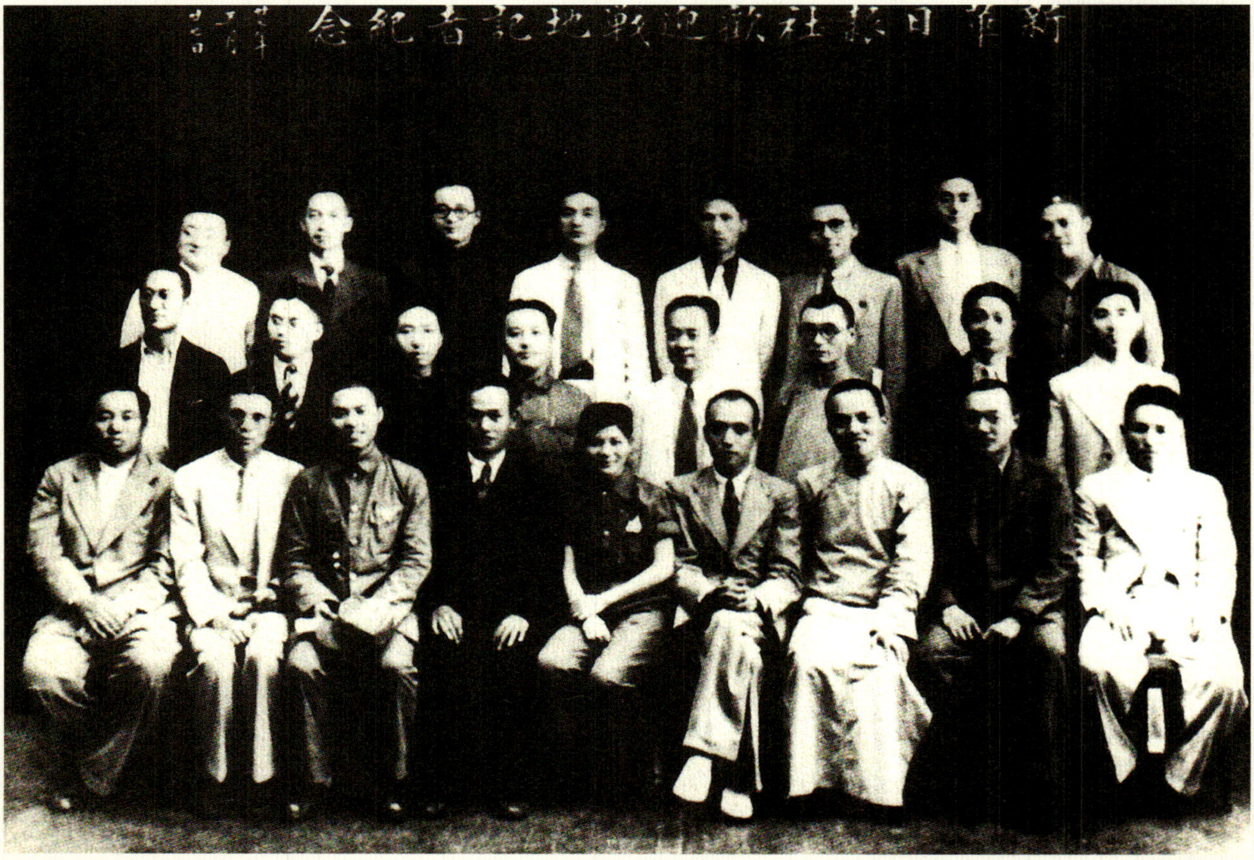

图2-2-15

《新华日报》社工作人员与华侨战地记者合影留念。

（三）抵制日货

抗日战争期间，华侨商界利用自己的便利条件，开展大规模的抵制日货运动。南洋和欧美各侨居地华侨中有相当数量的商人，他们是抵制日货的发起者和主力军。

图2-3-1
美国华侨华人妇女走上街头宣传抵制日货、对日禁运。

图2-3-2
美国旧金山华侨组建纠察队在日本人商店前号召抵制日货。

图2-3-3
1939年7月，菲律宾华侨召开和平民主大会，当场决议抵制日货。

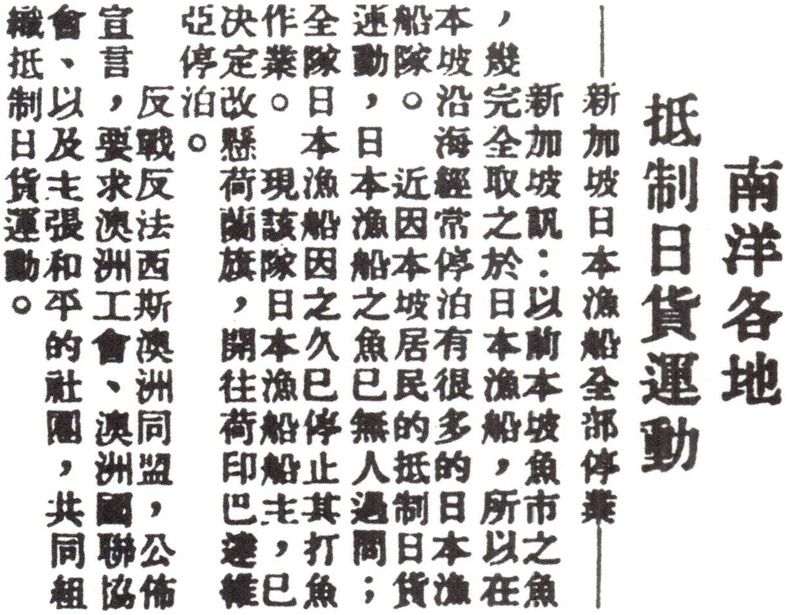

南洋各地
抵制日貨運動
——新加坡日本漁船全部停業——

新加坡訊：以前本坡魚市之魚，幾完全取之於日本漁船，所以在本坡沿海經常停泊有很多的日本漁船隊。近因本坡居民的抵制日貨運動，日本漁船之魚已無人過問；全隊日本漁船因之久已停止其打魚作業。現該隊日本漁船船主，已決定改懸荷蘭旗，開往荷印巴達維亞停泊。

反戰反法西斯澳洲同盟，公佈宣言，要求澳洲工會、澳洲團聯協會、以及主張和平的社團，共同組織抵制日貨運動。

图2-3-4
东南亚各地的抵制日货运动使得许多经营鱼货的日本商店被迫关闭。图为《救国时报》的有关报道。

（四）抵制废钢铁输日

图2-4-1
美国华侨纠察队在海港码头反对美国出售废铁给日本。

图2-4-2
华人虾寮工会饯别广源号货轮全体海员。

广源轮案：1937年8月，广源号货轮由中国驶到美国，船长为日本人，船上有山东籍海员20名，船籍为中国籍。该船自美国购载军机及废铁2100吨，价值美金65000元，拟由旧金山港驶往日本大阪，补充日本军工生产原料。在旧金山港向中国总领事馆申请国籍证明书时，时任中华民国驻旧金山总领事黄朝琴先生认为，该船所属公司可能系日本人假借中国人名义设立的人头公司，经查访后拒绝发给中国船籍证书，美国海关则因该船缺少船籍证书也不发给出港证。此案其实是由三件案子组成，分别是广源号海员殴打案、船的主权与国籍案、船上废铁扣押案。黄总领事引用国际公法，以船员互殴、船籍疑问及废铁所有权三案，向旧金山法院申请扣留广源轮。三案的胜诉都归中国，这在中国外交史上是一次很有意义的大胜利。

图2-4-3 广源号货轮。

（五）反对“和谈”坚持抗战

图2–5–1

1937年10月，纽约华侨举行抗日集会，呼吁“打倒卖国汉奸”、“不分党派抗日大联合”。

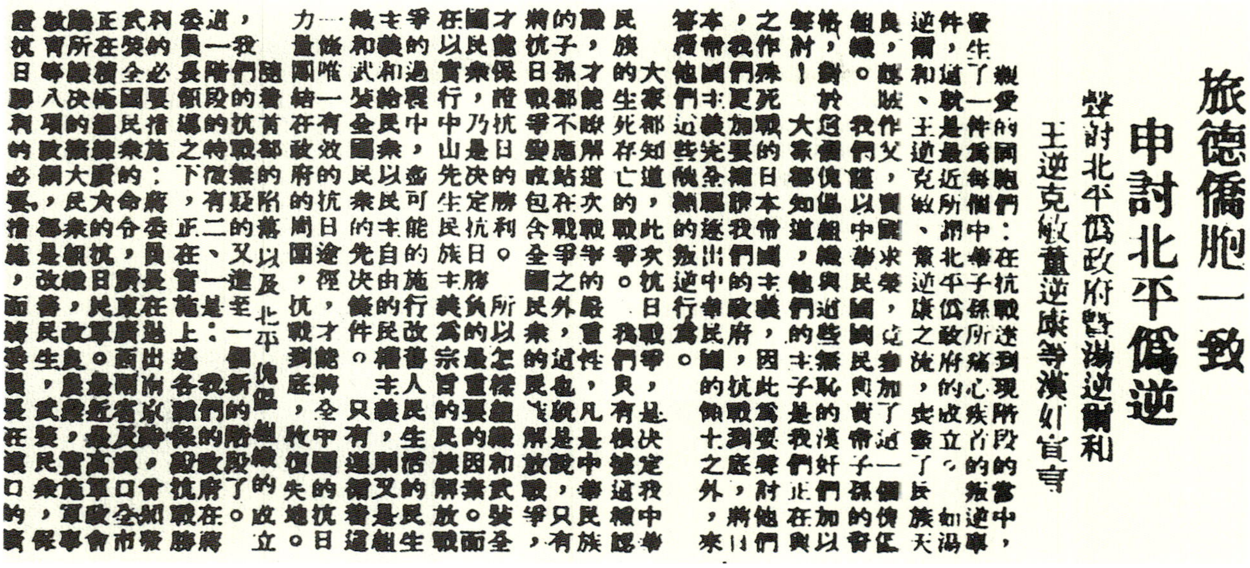

旅德僑胞一致

申討北平偽逆

聲討北平偽政府暨湯逆爾和

王逆克敏齊逆燮元等漢奸官吏

親愛的同胞們：在抗戰進到現階段的當中，發生了一件為每個中華子孫所痛心疾首的叛逆事件，這就是最近所謂北平偽政府的成立。如湯逆爾和、王逆克敏、齊逆燮元之流，喪盡了民族天良，認賊作父，賣國求榮，竟參加了這一個傀儡組織。我們謹以中華民國國民與黃帝子孫的資格，對於這個傀儡組織與這些無恥的漢奸們加以聲討！大家都知道，他們的主子是我們正在與之作殊死戰的日本帝國主義，因此為要聲討他們，我們更加要擁護我們的政府，抗戰到底，將日本帝國主義完全驅逐出中華民國的領土之外，來審判他們這些無恥的叛逆行為。

图2-5-2

1938年1月15日，《救国时报》报道旅德侨胞声讨北平汉奸政权。

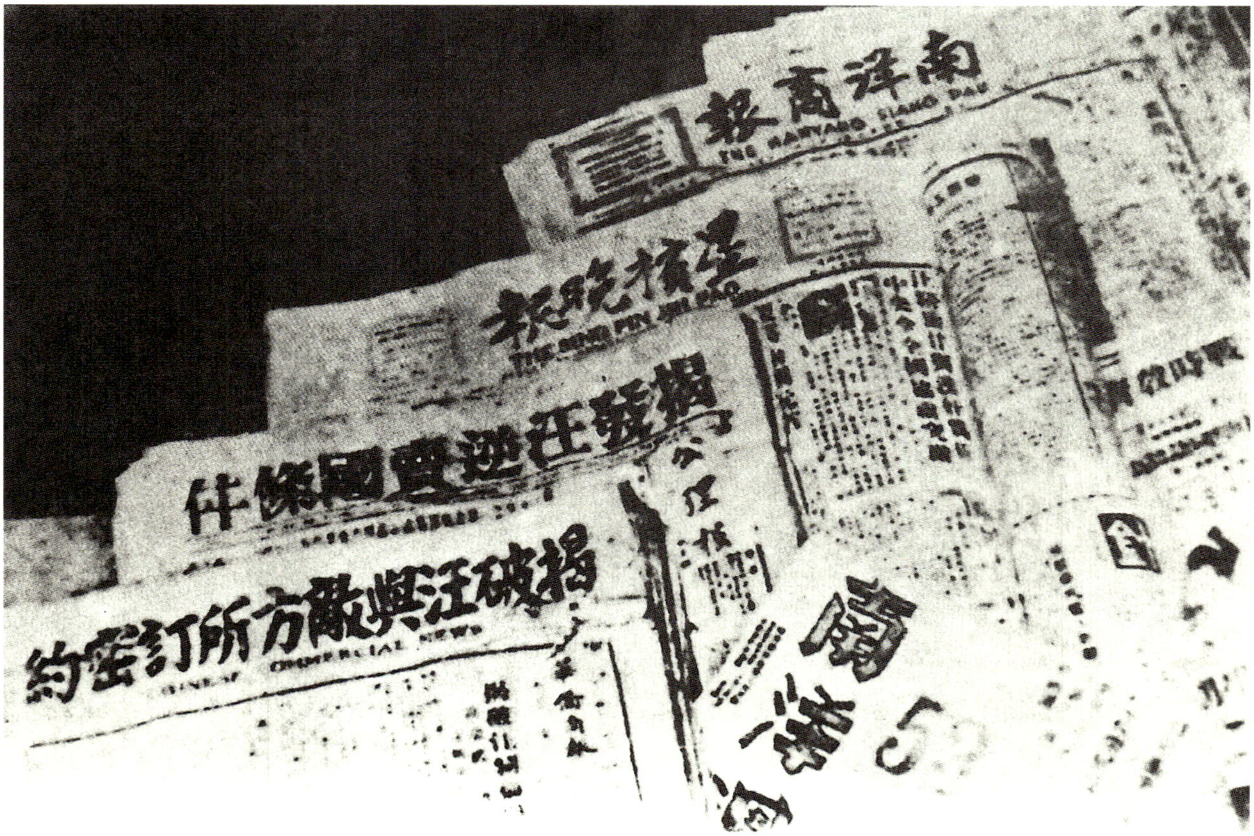

图2-5-3

华侨报纸纷纷发文痛斥汪精卫叛国。

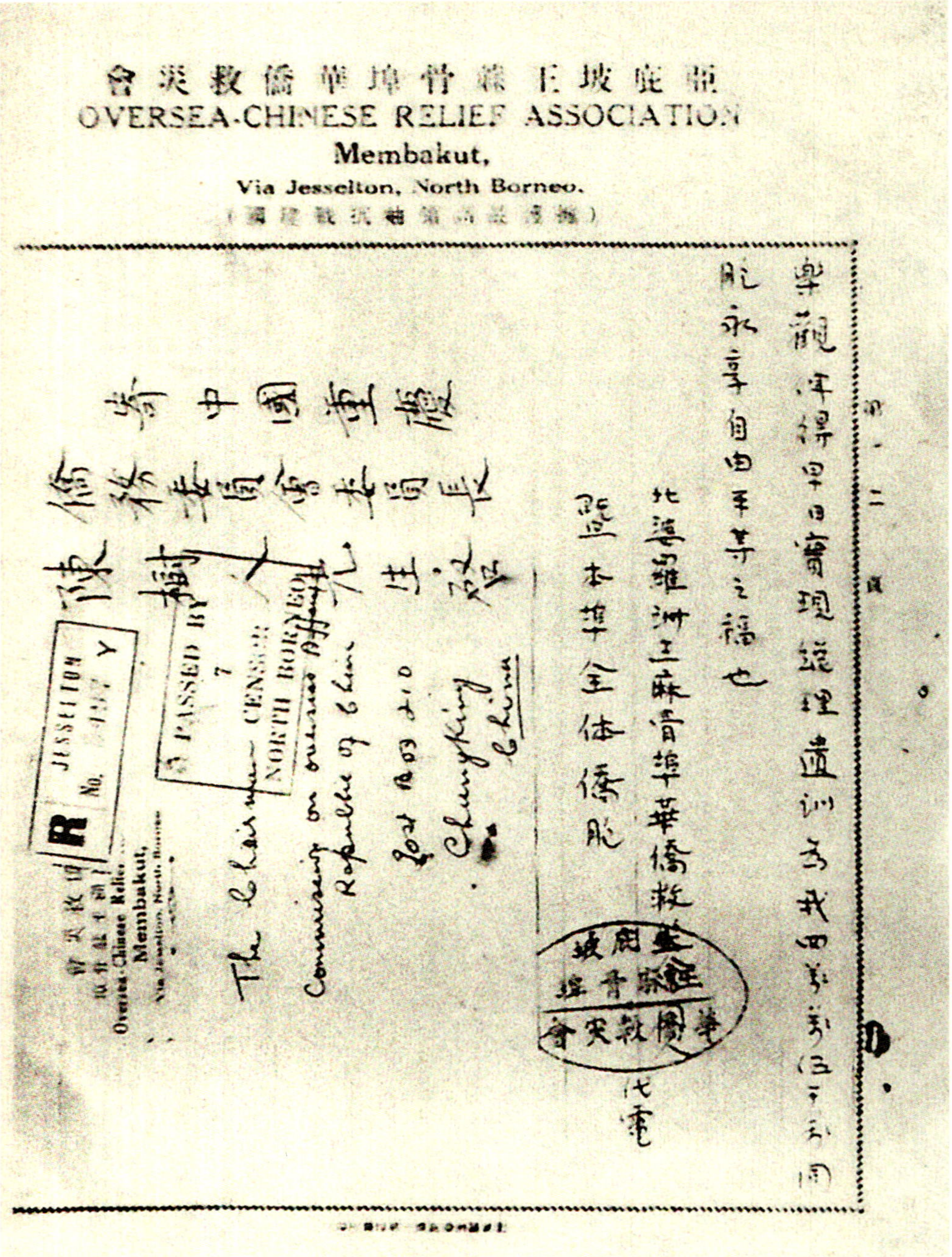
OVERSEA-CHINESE RELIEF ASSOCIATION
Membakut,
Via Jesselton, North Borneo.
PASSED BY
CENSOR
NORTH BORNEO
JESSELTON
Membakut,
Chungking
China

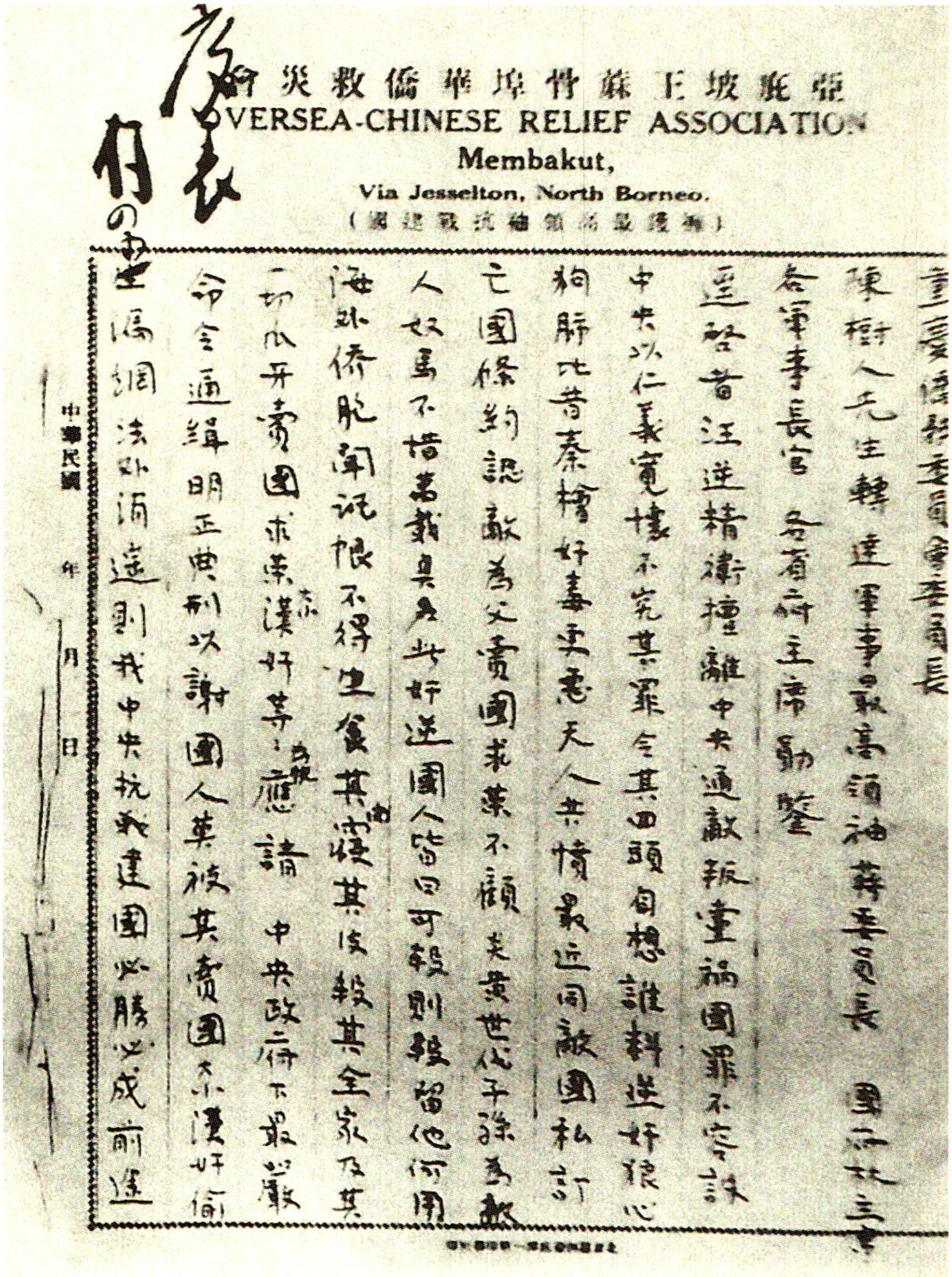

亞庇坡王蘇骨埠華僑救災會
OVERSEA-CHINESE RELIEF ASSOCIATION
Membakut,
Via Jesselton, North Borneo.
（擁護最高領袖抗戰建國）

重慶僑務委員會委員長
陳樹人先生轉達軍事最高領袖蔣委員長 國府林主席
各軍事長官 各省府主席 勛鑒
逆酋首汪逆精衛擅離中央通敵叛黨禍國罪不容誅
中央以仁義寬懷不究其罪令其回頭自想誰料逆奸狼心
狗肺比昔秦檜奸毒更惡天人共憤最近同敵國私訂
亡國條約認敵為父賣國求榮不顧炎黃世代子孫為敵
人奴焉不惜喪義真為此奸逆國人皆曰可殺則殺留他何用
海外僑胞聞訊恨不得生食其肉寢其皮殺其全家及其
一切爪牙賣國求榮漢奸等懇請 中央政府下最嚴
命令通緝明正典刑以謝國人莫被其賣國求漢奸偷
生擁護法外消逆則我中央抗戰建國必勝必成前途

中華民國 年 月 日

图2-5-4
英属北婆罗洲（今马来西亚沙巴）华侨讨汪信件。

（六）形式多样的义演义卖

图2-6-1

1939年9月11日，马来亚雪兰莪州煤炭山（今马来西亚雪兰莪州煤炭山镇）华侨欢迎武汉合唱团留影。

图2-6-2

1939年，武汉合唱团在新加坡为中国抗战募捐义演，指挥者为夏之秋。

图2-6-3

1940年，华侨机工大队在昆明欢迎武汉合唱团回国合影。

图2-6-4

1940年，马来亚天定州（今马来西亚霹雳州天定州市）各区华侨联合欢迎武汉合唱团。

武汉合唱团：1938年，由夏之秋任团长兼指挥的武汉合唱团应南洋华侨筹赈总会的聘请前往马来亚（今马来西亚和新加坡）各地演出，高唱抗日歌曲。合唱团所到之处，华侨深受鼓舞，纷纷捐款，合唱团将募得的捐款全部用于支援抗战和救灾。

图2-6-5

1938年成立的缅甸华侨救亡歌咏团。

图2-6-6

1939年，菲律宾华侨各劳工团体联合会组织华侨青年回国慰劳新四军。

图2-6-7

1941年3月，全美助华联合总会举行助华宴会，会上华侨女孩向该会董事长献苹果，感谢他对中国抗战的帮助。

图2-6-8

1940年11月，中美人士在纽约举行援华大会。大会主席、旅美电影明星黄柳霜女士在大会上表演节目。

图2-6-9
叱咤歌咏队在美国旧金山群众大会上高唱抗日歌曲。

图2-6-10
美国旧金山唐人街的卢烽话剧社演出抗日话剧。

图2-6-11
美国纽约华侨青年救国团音乐队演出后的合影。

图2-6-12
南洋星剧社的华侨排演了剧作《1940·光辉海宇》，图为该剧抗日募捐义演时的剧照。

图2-6-13
冼星海（1905~1945年），中国近现代伟大的音乐家，生于澳门，少时与母亲侨居马来亚（今马来西亚和新加坡），回国后积极参加抗日救国运动，创作了《黄河大合唱》等著名歌曲，这些歌曲成为激励全民族奋进的永恒旋律。

图2-6-14

徐悲鸿（1895～1953年），中国现代画家、美术教育家、中国现代美术教育的奠基人，主张改良“传统中国画”，强调国画融入西画技法。1938年抗战初期，徐悲鸿在香港和新加坡为抗战卖画筹款。1939年4月下旬，金山、王莹率领军委会政治部影剧二队到南洋各地为抗战筹款义演，10月，徐悲鸿在新加坡遇到王莹等人正在演出《放下你的鞭子》，十分感动，随后创作了《放下你的鞭子》这幅抗日题材的画作。图为徐悲鸿与王莹在画作旁的合影。

图2-6-15

张善子（1882～1940年），现代著名画家，张大千的二哥，擅画虎，号虎痴。抗战期间，携自己与其弟张大千180幅作品在美、法举办画展，募款抗日。

图2-6-16

张善子在美国费城为抗日募捐所作的《醒狮》。

（七）募捐筹款 倾囊助战

图2-7-1

华侨积极捐款，支援方振武将军抗日。

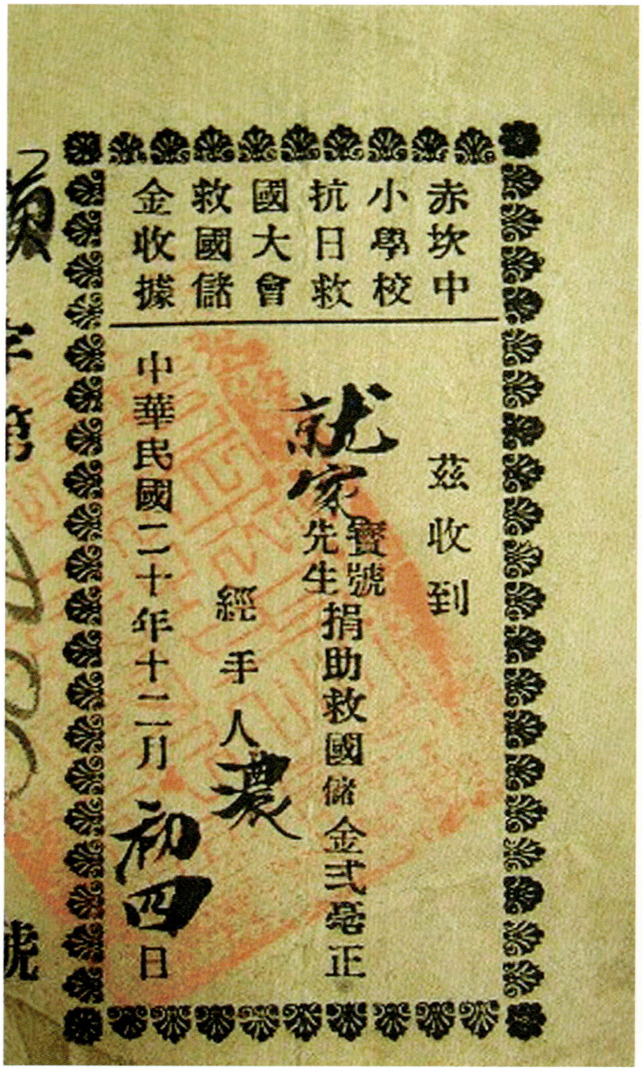
赤坎中小學校抗日救國大會救國儲金收據

茲收到
就家寶號先生捐助救國儲金弍毫正
經手人
中華民國二十年十二月初四日

图2-7-2
华侨为赤坎中小学校抗日救国大会“救国储金”捐款后收到的收据。

中華民國廿壹年季春
籌捐
馬占山將軍部全兵士慰勞費徵信錄

图2-7-3
华侨为支持马占山部全体将士的抗日义举筹募慰问金。

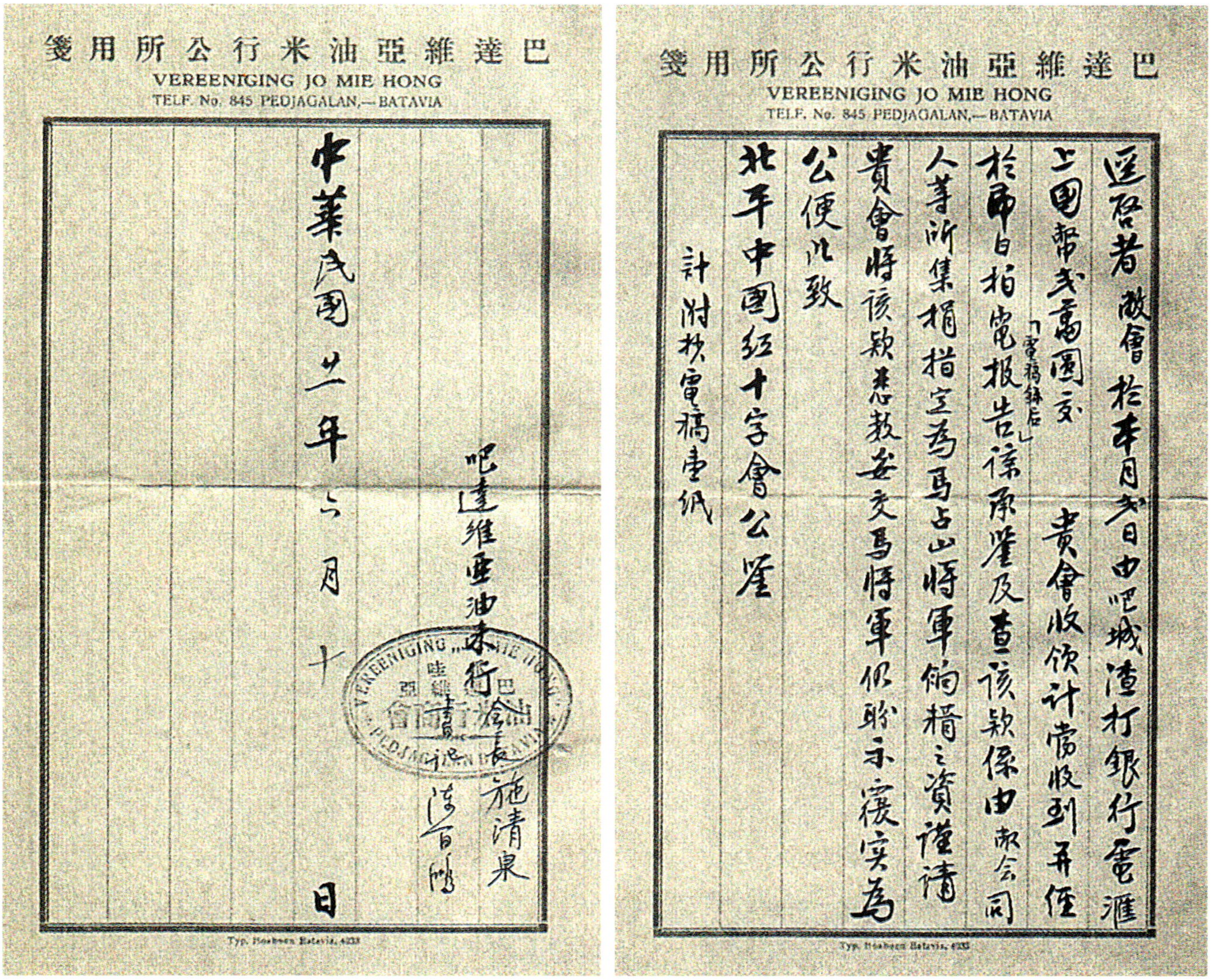

巴達維亞油米行公所用箋
VEREENIGING JO MIE HONG
TELF. No. 845 PEDJAGALAN,—BATAVIA

逕啓者 敝會於本月廿日由吧城渣打銀行電滙
上國幣貳萬圓交 貴會收領計當收到并經
於昨日拍電報告（電稿錄后）諒承鑒及查該款係由敝會同
人等所集捐指定為馬占山將軍餉糈之資謹請
貴會將該款悉數妥交馬將軍俾能示寰宇為
公便此致
北平中國紅十字會公鑒
計附抄電稿壹紙

巴達維亞油米行公所用箋
VEREENIGING JO MIE HONG
TELF. No. 845 PEDJAGALAN,—BATAVIA

吧達維亞油米行公會 會長 施清泉
書記 陳百鵬
中華民國廿一年六月十 日

图2-7-4

“九一八事变”后，巴达维亚（今印度尼西亚雅加达）华裔油米行工会就捐款事宜致马占山的信函。

图2-7-5

美国纽约唐人街爱国华侨巡街筹款，支援第19路军。

图2-7-6

爪哇侨胞为“一·二八”淞沪抗战募捐。

图2-7-7

1936年，菲律宾怡朗华侨海萍社举行“一·二八”淞沪抗战四周年纪念大会，演出戏剧《警醒》为抗日募捐。

“一碗饭运动”：由美国医药援华会等团体于1939年首倡，每年举行一次募款活动，目的是救助因日本侵略而忍饥挨饿的中国难民，近20万旧金山市民参加，活动启动当天就募集到5万美元善款。“一碗饭运动”的组织者发售餐券，购买餐券的人到指定饭店吃一碗炒饭，收入用来支援中国抗战。抗战期间，“一碗饭运动”陆续在美国多个城市开展，筹款约100万美元，后来又扩展到加拿大等国。

山打古魯市埠
美國藥品援華會
舉辦第三年籌賑

日期：民國卅年二月八日
時期：星期六晚八時起
地點：『卡沙刀里』酒店大禮堂

一碗飯大會

遊藝特點：全華音樂班，華女跳舞表演，洋琴演奏，十五名貴重門券特獎。

入場券壹圓

图2-7-8

“一碗饭运动”捐款现场及入场券。

图2-7-11

1938年6月中旬，宋庆龄组建“保卫中国同盟”，开展海外华侨工作。1941年5月初，成立“一碗饭运动”委员会，宋庆龄被推选为名誉主席。“一碗饭运动”委员会议定：发售餐券一万张，每张2元，认购者持券到认捐的餐馆吃炒饭一碗，发售餐券所得收入，全数赠与“中国工业合作协会”。图为宋庆龄与“保卫中国同盟”成员合影，左起：伊斯雷尔·爱泼斯坦、邓文钊、廖梦醒、宋庆龄、希尔达·塞尔温·克拉克、诺曼·弗朗斯、廖承志。

图2-7-9
“一碗饭运动”募捐宣传。

图2-7-10
“一碗饭运动”募捐海报。

图2-7-12

1938年，美国纽约华侨妇女用拉大旗的方式进行抗日募捐。

图2-7-13

在陈嘉庚、李清泉、庄西言的共同努力下，1938年10月10日，新加坡召开了南洋各埠代表大会，成立“南洋华侨筹赈祖国难民总会”，推举陈嘉庚先生为总会主席，李清泉、庄西言为副主席。大会号召广大华侨“各尽所能、各竭所有”，捐款捐物，支援祖国抗战。

图2-7-14

1939年9月，阿根廷华侨抗日联合会召开大会，声援祖国抗战，呼吁为支援祖国义捐。

图2-7-15

荷属东印度（今印度尼西亚）苏门答腊华侨举行集会，筹募捐款支援抗日及赈济祖国难民。

图2-7-16

华侨通过多种募捐方式筹资支援祖国的抗战，图为卖花募捐。

图2-7-17

结婚不忘救国，华侨萧丕居先生将女儿结婚时所收贺礼全部捐给祖国。

图2-7-18

越南华侨献金救国。

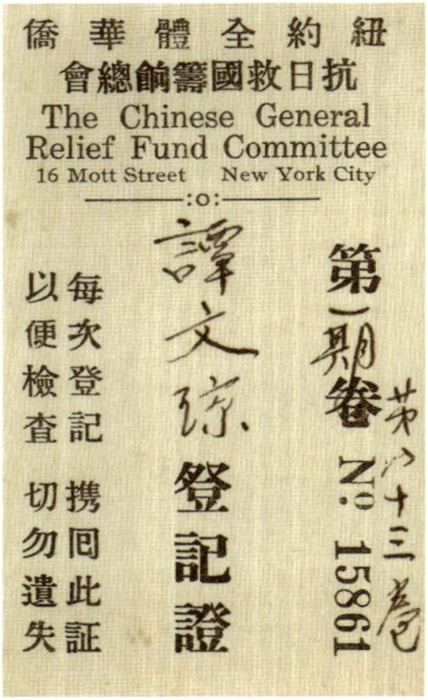
紐約全體華僑
抗日救國籌餉總會
The Chinese General
Relief Fund Committee
16 Mott Street New York City
第一期登記證 No 15861
每次登記携同此證以便檢查切勿遺失

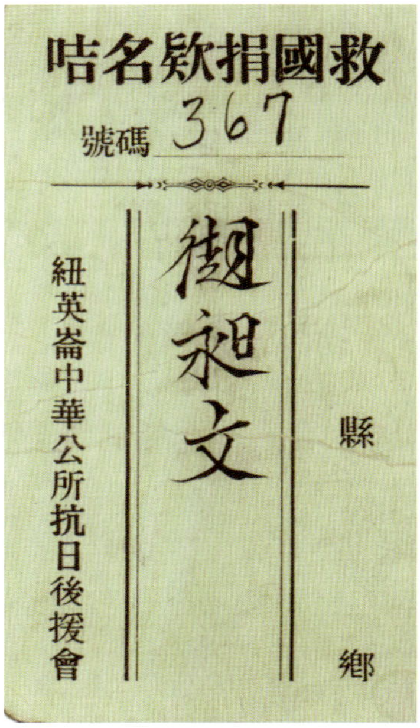
救國捐款名咭
號碼 367
紐英崙中華公所抗日後援會
縣 鄉

图2-7-19
美国纽约抗日救国筹饷总会的登记证。

救一命券
THIRD ANNUAL
SAVE A LIFE RAFFLE
Drawings at
NATIVE SONS AUDITORIUM
Aug. 19, 1939 414 Mason St., S. F.
VALUABLE PRIZES
Price 25 Cents
CHINESE PATRIOTIC LEAGUE

BOWL OF RICE DANCE
Auspices of
United Council for Civilian Relief in China
Saturday Evening, Dec. 2, 1939—9 o'clock
American Legion Hall
Grand Prize—Ladies Solid Gold Wrist Watch
Other Prizes: Gold Jade Breast Pin, Ladies Gold Bracelet, Gold Watch Locket and Many Others.

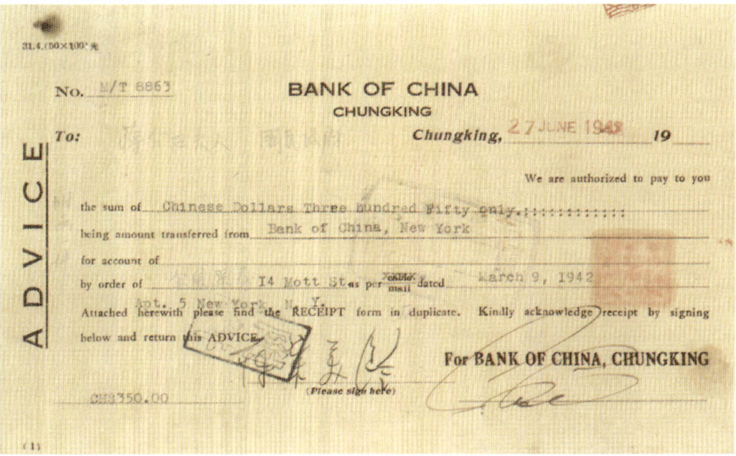
ADVICE
No. M/T 6863
BANK OF CHINA
CHUNGKING
To: Chungking, 27 JUNE 1942 19
We are authorized to pay to you
the sum of Chinese Dollars Three Hundred Fifty only.
being amount transferred from Bank of China, New York
for account of
by order of 74 Mott St. as per mail dated March 9, 1942
Apt. 5 New York, N. Y.
Attached herewith please find the RECEIPT form in duplicate. Kindly acknowledge receipt by signing below and return this ADVICE.
For BANK OF CHINA, CHUNGKING
(Please sign here)
CN$350.00

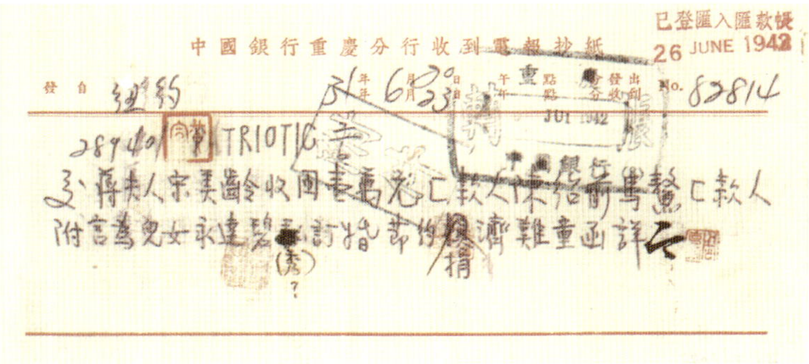
中國銀行重慶分行收到電報抄紙
已登匯入匯款帳
26 JUNE 1942
發自 紐約
No. 82814

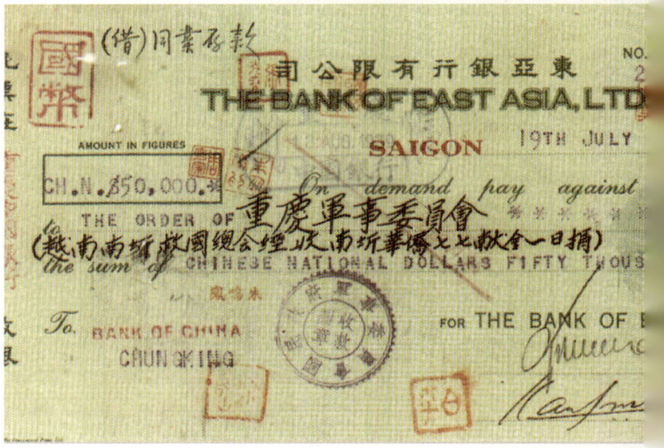
東亞銀行有限公司
THE BANK OF EAST ASIA, LTD.
SAIGON 19TH JULY
AMOUNT IN FIGURES
CH.N.$50,000.
On demand pay against
THE ORDER OF 重慶軍事委員會
the sum of CHINESE NATIONAL DOLLARS FIFTY THOUS
To BANK OF CHINA
CHUNGKING
FOR THE BANK OF E

图2-7-20
宋美龄签收的抗日义捐汇款单。

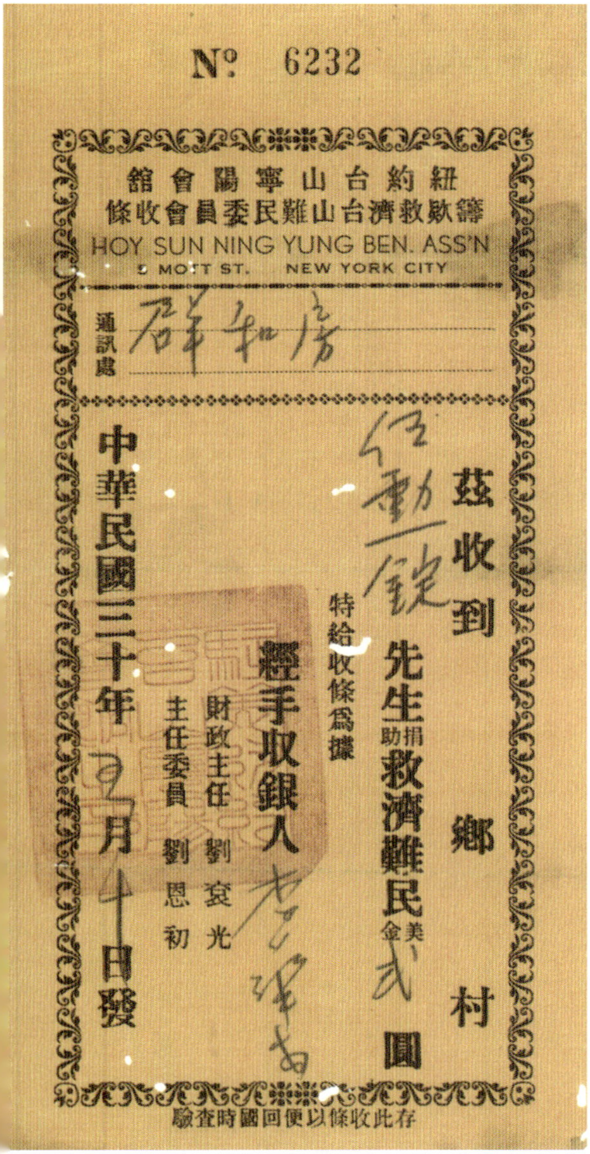

No 6232

紐約台山寧陽會館
籌欵救濟台山難民委員會收條
HOY SUN NING YUNG BEN. ASS'N
5 MOTT ST. NEW YORK CITY

通訊處 群和房

茲收到 任勤銳 先生 助捐 救濟難民 美金 式 圓 鄉村

特給收條爲據

經手收銀人 李瑋南

財政主任 劉袞光
主任委員 劉恩初

中華民國三十年 五 月 十 日發

存此收條以便回國時查驗

三藩市華人基督教女青年會
籌賑祖國傷兵難民有彩奬劵

地點：市得頓街八四三統一義捐救國總會
時期：一九三九年十一月十四星期日下午二時

首飾 奬格 國貨

（共有九十三種因限於劵面祇列卅種）

一。鑽石約指一枚
二。金鑲玉扣手鈪一隻
三。杭綉床冚一張
四。足金鑲玉心墜一枚
五。紫玉戒指一枚
六。珍珠戒指一枚
七。心形足金墜一枚
八。金鑲玉戒指一枚
九。金鍊吊玉扣墜一副
十。雙面時鐘一座
十一。金鑲玉管胸針一枝
十二。足金鑲玉戒指一枚
十三。琥珀珠項圈一條
十四。足金鑲玉戒指一枚
十五。金鑲玉長耳環一對
十六。西式金女手鏢一枚
十七。金鑲玉胸針一枝
十八。金鑲玉扣墜一枚
十九。足金鑲玉戒指一枚
二十。足金鑲玉戒指一枚
廿一。英金磅一枚
廿二。美金錢一枚
廿三。玉墜一枚
廿四。金鑲玉戒指一枚
廿五。金鑲玉長耳環一對
廿六。金鑲玉長耳環一對
廿七。金鑲貓眼石戒指一枚
廿八。金鑲貓眼石戒指一枚
廿九。金鑲貓眼石戒指一枚
三十。金鑲貓眼石耳塞一對

【壹圓】

图2-7-21

海外华侨各种抗日救国筹饷义捐的票据凭证。

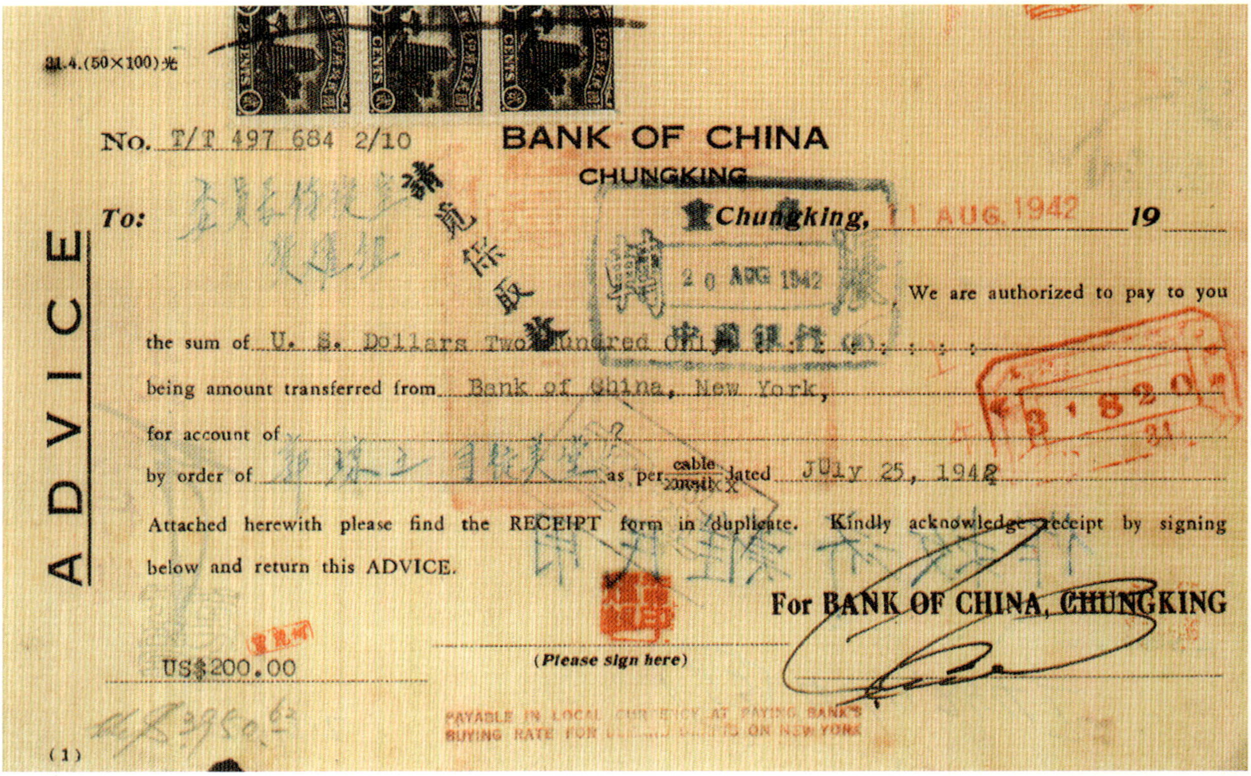

31.4.(50×100)光

No. T/T 497 684 2/10

BANK OF CHINA
CHUNGKING

To:

Chungking, 11 AUG 1942 19

20 AUG 1942

We are authorized to pay to you the sum of U. S. Dollars Two Hundred Only

being amount transferred from Bank of China, New York,

for account of

by order of as per cable dated July 25, 1942

Attached herewith please find the RECEIPT form in duplicate. Kindly acknowledge receipt by signing below and return this ADVICE.

ADVICE

For BANK OF CHINA, CHUNGKING

US$200.00

(Please sign here)

PAYABLE IN LOCAL CURRENCY AT PAYING BANK'S BUYING RATE FOR ... ON NEW YORK

(1)

图2-7-22

旅美华侨郭琼之和司徒美堂的抗日义捐汇款单。

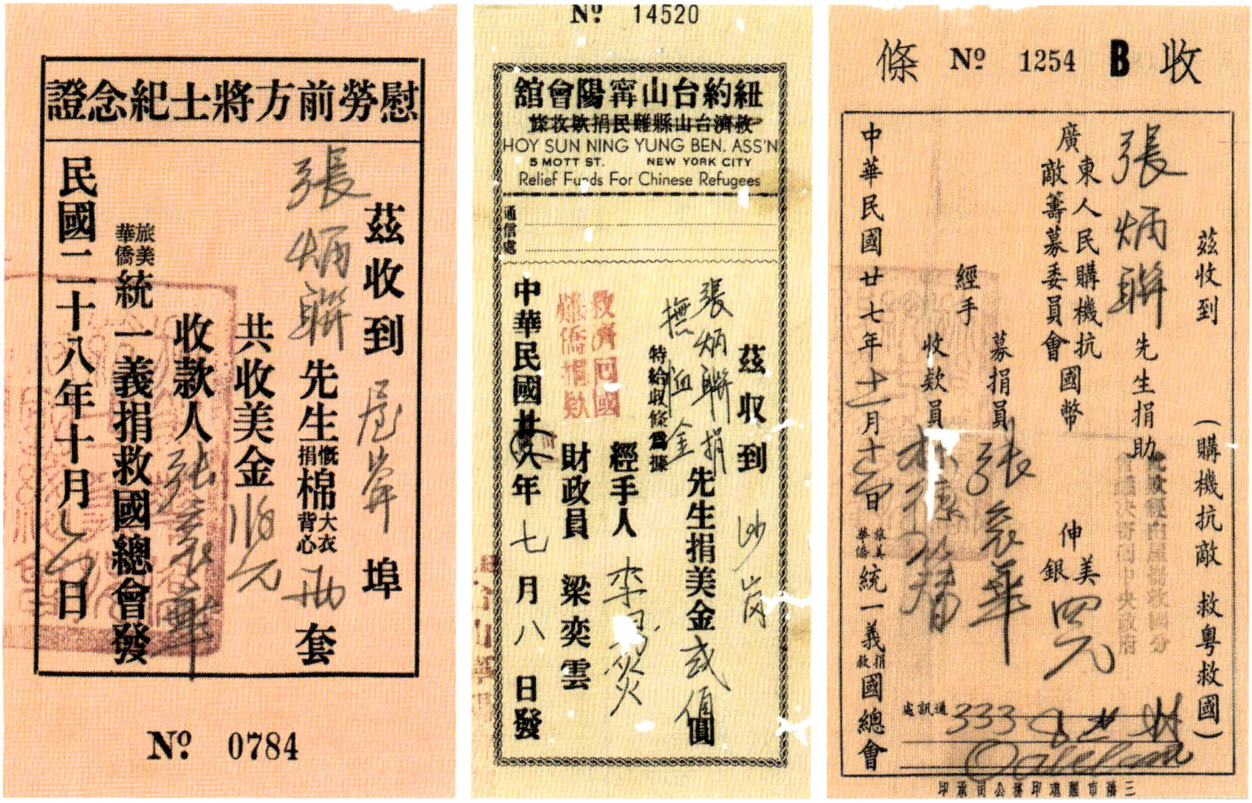

图2-7-23

旅美华侨张炳联（为国捐躯的飞行员张益民之父）的各种抗日义捐收据。

郑潮炯是旅居北婆罗洲（今马来西亚沙巴）的广东新会籍华侨，当他得知家乡沦陷，老父亲惨遭日寇杀害的消息后，国仇家恨，义愤难平，即与夫人钟彩合商量，一边义卖瓜子，一边发动侨胞捐献。从1937～1942年，他走遍南洋许多城镇，共筹集捐款18万元，全部交给“南侨总会”。1940年，他们把刚出生的儿子卖给一位祖籍广东肇庆的华侨商人，得款80元，悉数捐给祖国。郑潮炯“卖子救国”的爱国壮举，轰动了南洋地区，被认为是“抗战史上侨胞救国之可歌可泣的一页”，国民政府侨委会为此给予其褒奖。褒奖郑潮炯的有关档案材料，至今仍保存在中国第二历史档案馆。

图2-7-24

卖子救国的华侨义士郑潮炯。

图2-7-25

郑潮炯的儿子郑社义（又名赵超余）。

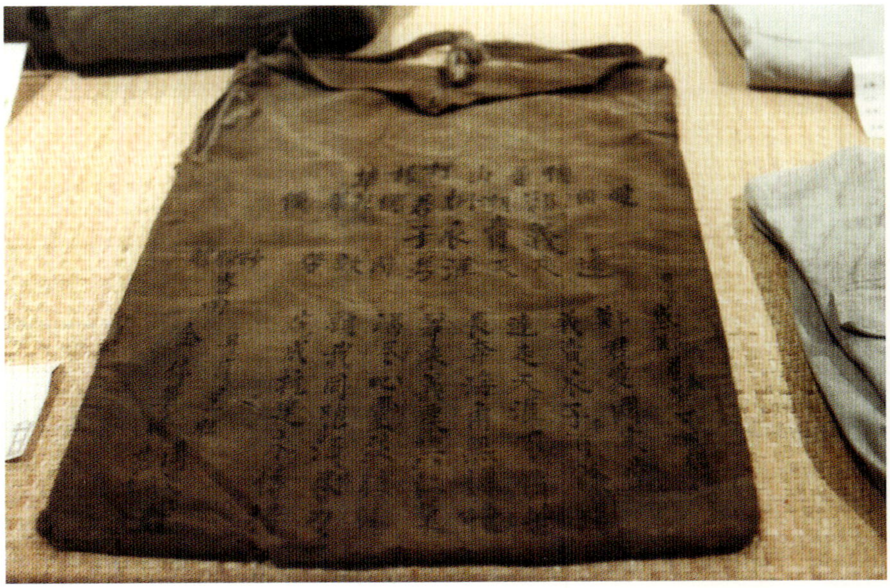

图2-7-26

郑潮炯卖瓜子的布袋。

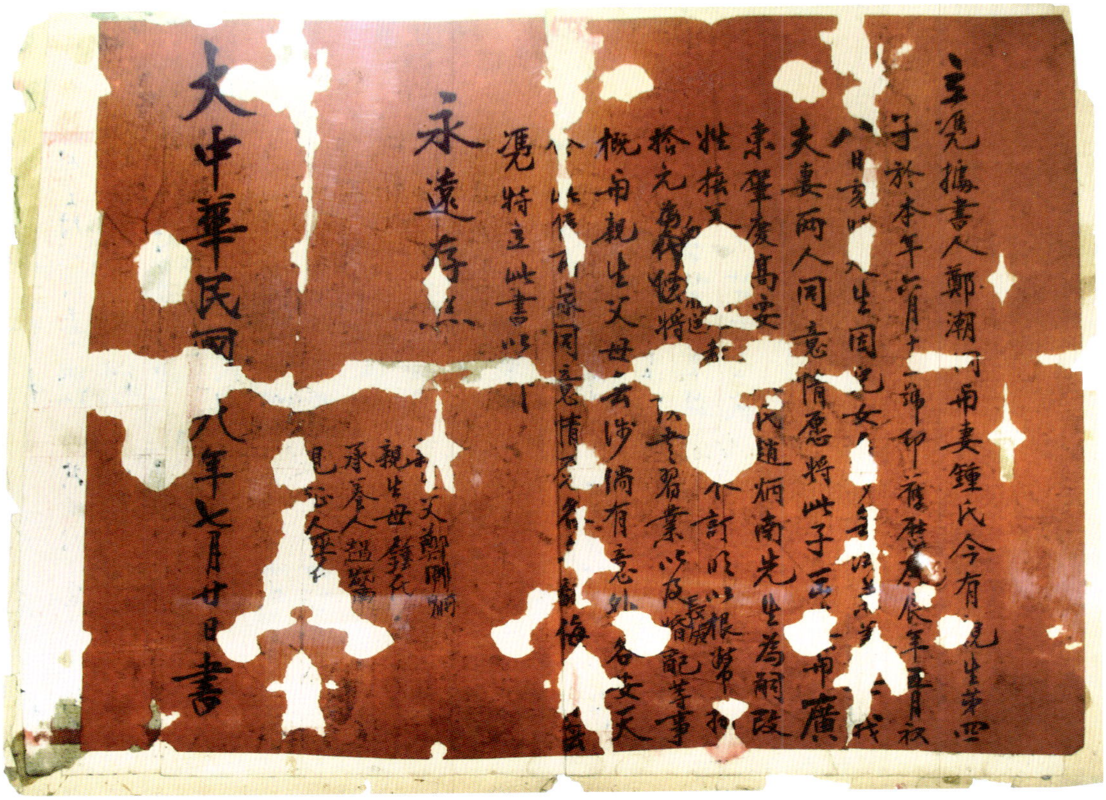

永遠存照

憑特立此書以

大中華民國 八年七月廿日書

图2-7-27

郑潮炯所签的卖子救国契约。

中華民國駐新嘉坡總領事館證明書

茲據僑民鄭潮炯君呈稱：竊民曾奔走各埠義賣兒子得款救濟祖國災民不無微效，現擬再往馬來各埠繼續勸捐，請予發給證明書一紙，以利進行等情。經查所稱尚無不合，特此證明。

右給僑民鄭潮炯收執

中華民國三十五年十二月二十四日

图2-7-28

国民政府褒奖郑潮炯卖子救国壮举的有关档案。

华侨捐款捐物一览表（1937.7～1945.8）

名目	数额	备注
捐款	13亿余元国币	
认购公债	11亿元国币，包括救国公债、国防公债、金公债及节约储蓄券等，占国民政府战时发行公债总额的1/3强	截至1942年。这些公债战后一直没有偿还，与捐款无异
侨汇	95亿元国币	主要为赡家费。包括捐款
捐献飞机（举例）	缅甸：19架　菲律宾：50架　印度：10余架（代金，每架以10万元国币计）	总数约达数百架
捐献汽车（举例）	南侨总会：卡车200辆 缅甸：救护车250辆 美洲：救护车200辆以上	总数上千辆（包括代金）
捐献药品（举例）	荷印：金鸡纳霜（奎宁）1亿粒以上 瑞士：5大箱、1146包，医疗器械183件 美洲：1600单位	截至1940年。每个“单位”内含50余种药品，可供500名伤兵1个月之用
捐献衣物（举例）	南洋：寒衣700余万件、暑衣30万套、蚊帐8万床、寒衣捐400万元 旧金山：华侨每人认捐棉衣两套以上	截至1940年
其它物资	暹罗、越南、菲律宾：大米无数	主要用于赈济侨乡灾荒

图2-7-29

华侨捐款捐物一览表。

图2-7-30

荷属东印度（今印度尼西亚）华侨代表在向抗战将士捐送药品的大会上讲话。

图2-7-31

方作标，人称方利，广东省中山县人，是斐济的一名华人企业家。在二战期间，他在斐济积极宣传募捐，还发动整个澳洲侨界支援中国抗战。后来，方作标赴美购买了四架战斗机，其中一架是他用尽自己毕生积蓄独资购买，另三架是用他发动侨胞筹得的捐款购买的，他亲自将四架飞机运送到重庆。

图2-7-32

加拿大侨胞捐款购置的飞机。

图2-7-33

1938年，马来亚森美兰（今马来西亚森美兰州）华侨赠送给八路军的救护车。

图2-7-34

美国华侨捐献的用作血库的救护车。

图2-7-35

东南亚华侨捐赠给华侨运输先锋队的部分汽车。

图2-7-36

东南亚华侨捐献的部分救护车。

图2-7-37

华侨捐资购买救护车赠送给八路军。

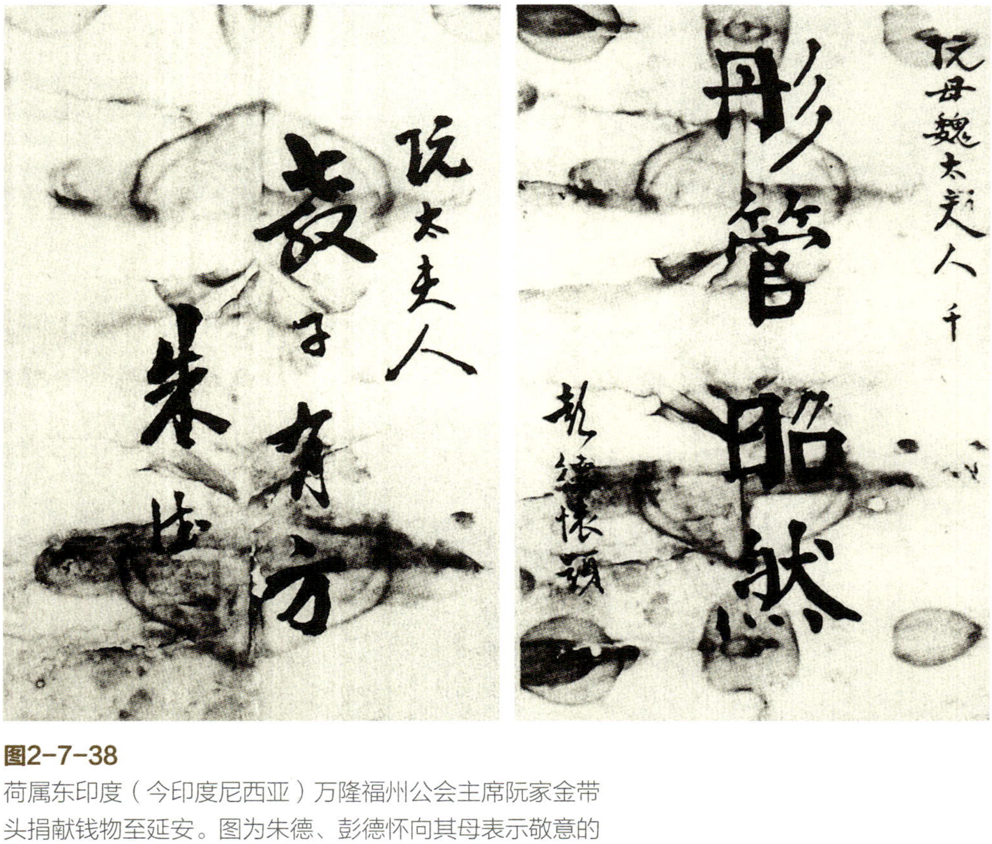

图2-7-38

荷属东印度（今印度尼西亚）万隆福州公会主席阮家金带头捐献钱物至延安。图为朱德、彭德怀向其母表示敬意的题词。

新四军、八路军接受的部分海外华侨团体、个人捐款一览表

捐款者	数量	时间	说明
马来亚华侨各界抗敌后援会援新四委员会	不详	1938年	八路军驻香港办事处
沈尔七	不详	1938年回国后	两度返回菲律宾筹措捐款项、物资
菲律宾抗敌会所属的粤侨联合会	20000	1938年秋冬	用于购置寒衣、药品
保卫中国同盟	港币14990.83 国币23056.67	1939年度	截至1940年2月。捐款人指定用于华北、华中敌后抗日根据地方面的数额，约占保卫中国同盟所接受捐款的一半
南洋惠侨救乡总会	惠侨捐款的40%	1939年12月25日决定	会址在马来亚吉隆坡（今马来西亚吉隆坡）
陈子谷	国币260000	1940年	由泰国“广顺利”汇兑行汇往桂林八路军办事处转交
菲律宾妇慰会	国币111900	1940年9月4日	委托中国工业合作社技术顾问艾黎赠予
不详	美金35666.93	1942年2月29日	香港保卫中国同盟经收
美国波士顿某餐馆李兆焕	美金17000	抗战期间	多次汇款宋庆龄转赠八路军、新四军
美国纽约华侨筹饷总会	不详	抗战期间	多次由香港保卫中国同盟转交八路军、新四军

新四军、八路军接受的部分海外华侨团全、个人赠物一览表

捐款者	物资及数量	时间	说明
保卫中国同盟	医疗器材 数量不详	1938年秋冬以后	应抵港的新四军卫生部长沈其震的请求
澳洲悉尼华侨救济难民会等三团体	羊毛毯2200条	1939年5月后	响应保卫中国同盟发起的为新四军募集“两万条毛毯运动”，旨在帮助新四军伤员、士兵抵御严寒
不详	驳壳枪2000把	不详	叶挺军长夫人在海外募捐所得

资料来源：《华侨与抗日战争》，中国华侨出版社，2006年9月。

（八）杀敌救亡 浴血奋战

图2-8-1
1938年8月，菲律宾怡朗第三批回国参加抗战的华侨青年启程前的合影。

图2-8-2
回国参加抗战的菲律宾华侨青年抗战服务团在广西水口。

图2-8-3

越南华侨战场服务团在广东前线。

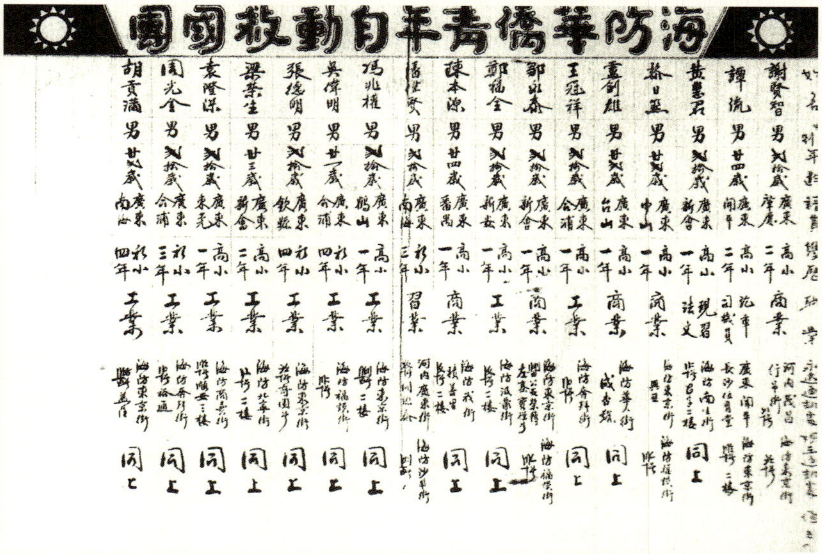

海防華僑青年自動救國團

图2-8-4

越南海防华侨青年自动救国团人员名单。

图2-8-5

爪哇华侨组织的救护队在赴河南信阳途中。

图2-8-6

爪哇华侨组织的救护队回国参加抗战。图为湖南重伤后勤医院欢送爪哇华侨救护队赴抗日前线。

图2-8-7

1937年12月，荷属东印度（今印度尼西亚）华侨组织救护队回国参加抗战。

图2-8-8

新加坡华侨服务团抵达广州。

亲爱的妈，真对不起您，因为您是那样的疼我，但是我竟然离开了您，投入祖国的怀抱，做组织民众、宣传抗战的工作去了。恳望您不要伤心、不要流泪，要高兴，要为您有一个孩子能够回国效力、杀敌救亡而高兴。

——颜生（缅甸华侨）

图2-8-9

1939年10月，年仅15岁的缅甸华侨颜生与其他同学一起，不辞而别，回国参加抗战宣传。图为他回国前写给母亲信中的一段话。

图2-8-10

1938年3月，参加过辛亥革命的华侨黄富求发起组织缅甸华侨义勇工程队回国服务。图为该工程队成员参加桂林七七抗战纪念活动。

图2-8-11
1938年秋，经过专门训练的缅甸华侨救护队回到广东等地参加战地救护工作。

图2-8-12
泰国华侨青年乘船回国参加抗战。

图2-8-13

淞沪抗战爆发后，250多人组成的华侨抗日救国义勇队编入第19路军61师，直接参加对日作战。

图2-8-14

1943年，即将奔赴抗日前线的中央陆军军官学校17期26总队第8队泰国华侨学生毕业纪念照。

图2-8-15

第19路军61师华侨义勇队在上海对日作战阵地上。

图2-8-16

第19路军61师华侨义勇队全体队员合影。

（九）航空救国

抗日战争爆发后，海外华侨积极开展了捐款购买飞机活动，并且大量购买航空救国债券，为祖国航空建设事业提供了巨额的资金支持；他们举办航空训练学校招收华侨青年进行飞行训练，然后将学员送回国参战；此外，他们还投资建厂生产飞机。“航空救国”运动，对中国航空力量的增强和战争的最后胜利，起到了极大的作用。

图2-9-1
美国华侨刘焕，1937年回国任空军19中队分队长，同年8月25日奉命驾机轰炸日军舰艇。

图2-9-2
美国华侨飞行员黄新瑞。

图2-9-3
美国华侨黄毓荃，在“一·二八”淞沪抗战中壮烈牺牲，为中国空军在抗日战争中英勇献身的第一人。

图2-9-4
抗战时期中国空军“四大天王”飞行员之一——荷属东印度（今印度尼西亚）华侨梁添成。

图2-9-5

抗战时期的空军英雄华侨飞行员黄泮扬（左）与战友。

图2-9-6

1938年，加拿大华侨飞行员黄鸿缵回国，任昆明航空第17厂厂长，在受命赴美购置新战机的途中遭遇日军突袭，以身殉国。

图2-9-7

美国华侨飞行员张益民，1937年11月在对日作战中以身殉国。

抗战时期牺牲的美国华侨飞行员

姓名	毕业学校或归国地	牺牲时间	牺牲地点	牺牲原因
黄毓荃	芝加哥三民飞行学校	1932年2月	上海	迎敌时飞机失控坠地
张勉之	波特兰航校一期	1934年2月	天河机场	殉职
陈　积	旧金山	1935年		失事
蔡炳球	旧金山	1935年	广东	失事
黄　波		1937年	广东	阵亡
黄元波	自洛杉矶回国	1937年		阵亡
廖兆琼		1937年		阵亡
苏英祥	波特兰航校一期	1937年		阵亡
雷国来	波特兰航校一期	1937年	晋北	阵亡
刘炽徽		1937年	太原	阵亡
容广成	罗斯福飞行学校	1938年		阵亡
江东胜	市作顿飞行学校	1941年3月14日		阵亡
黄新瑞	屋仑斐摩上校飞行学校	1941年3月14日	成都	阵亡
谭　宽	自洛杉矶回国	1941年	成都	飞机失事
冯国廉		1944年		飞机失事
谭　寿		1944年		飞机失事
谭笑严	自波特兰回国	抗战后期	广州	阵亡
梁伟如	自波特兰回国	抗战后期	北平	失事
林觉天	波特兰航校一期		南昌	阵亡
翁荡雁	波特兰航校一期			阵亡
刘龙光	波特兰航校二期		南京	阵亡
邓秀生	波特兰航校一期		南京	殉职
雷家波	屋仑斐摩上校飞行学校		广东	失事
陈锡庭	旧金山中华航校一期			殉职
林联青	旧金山中华航校一期			殉职
黄进长	旧金山中华航校一期			殉职
谭国材	旧金山中华航校一期			阵亡
张益民	普逊航校		蚌埠	阵亡
刘福庆	旧金山中华航校三期飞行生			阵亡
梁松宁	旧金山中华航校三期飞行生			阵亡
王文星	旧金山中华航校三期飞行生			阵亡
岑庆锡	旧金山中华航校三期飞行生			阵亡
刘铁树	旧金山中华航校三期飞行生			阵亡
黄华杰	旧金山中华航校三期机械生			阵亡

飞虎队：全称为“中国空军美国志愿援华航空队”，又称为“美籍志愿大队”，创始人是美国飞行教官陈纳德。这是一支在二战期间成立的、由来自美国的飞行人员组成的空军部队，在中国、缅甸等地参加对日作战。

图2-9-8

飞虎队肩章和臂章。

图2-9-9

飞虎队衡阳总站站长华侨吴建平（右三）、华侨潘泽光（右二）与队员合影。

图2-9-10

1942年，飞虎队P-40野马战机编队飞行。

图2-9-11

飞虎队队徽。

图2-9-12

1943年，飞虎队队员华人陈炳靖在驾机升空作战前的留影。

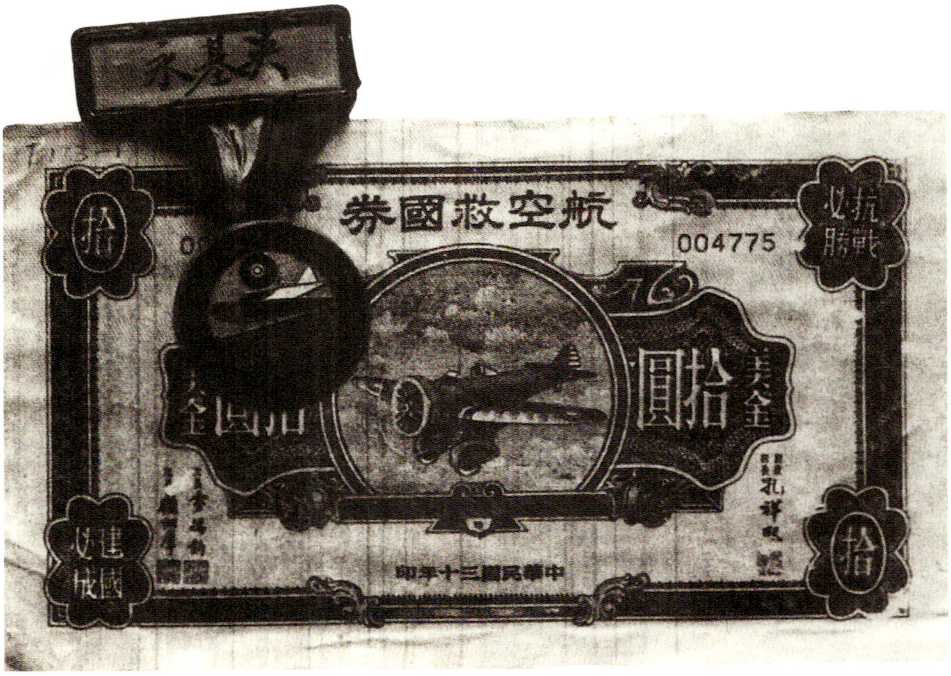

图2-9-13
航空救国债券。

图2-9-14
在美国第14航空队服役的美籍华人士兵。

图2-9-15

华侨飞行员在接受军事训练。

图2-9-16

1944年，中美混合飞行联队B-25轰炸机在轰炸黄河大铁桥。

驼峰航线：1942年中旬，日军占领缅甸，切断了同盟国援助中国抗战物资的唯一运输线——滇缅公路。中美政府决定紧急开辟一条印度—中国的空中走廊，以替代滇缅公路，继续向中国输送抗战物资。这条航线全长500英里，由于要飞越起伏连绵、形似骆驼峰背的山峰，因而得名。航线下的山峰海拔平均在4500～5500米上下，最高峰达7000米，且气候多变，导致该航线的飞行十分险恶。

图2-9-17
抗战时期中国航空公司的美籍华人飞行员陈文宽。

图2-9-18
抗战时期飞行在驼峰航线上的加拿大华侨飞行员马绍基。

图2-9-19
抗战时期国民政府租借的美机G-53曾飞行在驼峰航线上。图为中国航空公司美籍华人飞行员潘国定（左二）、陈文宽（左一）、华祝（右一）在G-53前合影。

图2-9-20
抗战时期带有中国航空公司标志的飞机。

图2-9-21

1935年底，韶关飞机制造厂自行研制的第一批飞机投产，被命名为“复兴”式，这是抗战期间我国自行研制并进行小批量生产的唯一机型。该厂在抗战期间的三任厂长均为原籍广东五邑地区的华侨。

图2-9-22

1937年10月22日，被日本海军航空队轰炸后的韶关飞机厂。

图2-9-23

抗战期间飞赴延安的“复兴”式飞机。

CHINA AIRCRAFT CORPORATION

Board of Directors

中國飛機廠有限公司董事

Robert S. Lee · B. S. Fong · Shuck Ho · Chin Dook Jow

Y. C. Yu · S. C. Hu

Jew Fook · H. C. Chan · T. Y. Tang · Chan Chuan · S. W. Hall

Mrs. Tom Y. Chan · James Moy Chuck · Character K. Lee · Y. T. Sue · Chan Kwan Lao

J. C. Yee · Chew Hon Fook · Tom Wai Hon · Wong Wing Chong · U. Ong Lee

Earl Wong · Lim Yen Chew · George Yee · Chin Pack · Young Ah Tong

David S. Shew · Arthur Mar · King L. Lee · Y. P. Fong

William G. Young

Page 2

CAC CELEBRATES

Two Years of Organization

Shortly after Pearl Harbor, Dr. Hu Seng-chiu visualized a plan to organize a Chinese owned and managed aircraft factory to aid in the war production effort and to serve as an additional starting point for China's aviation industry. This plan, a crystallization of the dreams of air-minded Chinese everywhere, was presented to the Chinese and United States Army Air Forces for approval in April, 1943. Simultaneously, the leading citizens of the San Francisco Chinese Community were approached. Everyone to whom the plan was presented considered it favorably, and immediate steps were taken to organize a company.

Within two months, approval had been obtained from the United States Army Air Forces, the Chinese Government, and other U. S. Government Agencies. Racial, national, and international problems were surmounted. After all legal technicalities had been clarified, China Aircraft Corporation was chartered in August, 1943 with a capitalization of $250,000.

A period of intense activity followed. Employment offices were set up in Los Angeles and San Francisco through which a thousand young men were interviewed for prospective employment to be preceeded by training at Douglas Aircraft Company, Inc., Santa Monica Plant. A contractural letter was obtained from the Douglas Company and application for Defense Plant Corporation facilities was made.

Finally, when all necessary clearances were obtained, construction of the plant began in May, 1944. The plant was completed and ready for occupancy on July 31st. A formal contract for specified units of the A-26 Attack Bomber was signed on July 20th with the Douglas Aircraft Company, Inc.

The first sub-assembly was in production by August 7th. Within 18 days, the first unit was off the line, three weeks ahead of schedule, with a total consumption of only 1527 man-hours against an estimated 4500 man-hours.

Through the untiring and appreciated efforts of both Chinese and Americans, as individuals, companies and Government Agencies—all desirous of fostering aircraft manufacture as a war emergency and a permanent institution in the coming peace, a vague dream became an actuality!

書記尤永增簽署公司文件

Y. C. Yu Signing Corporate Papers

One Year of Production

Preparation for production is of great importance in plant organization and involves a program of careful and systematic planning. Layouts for production were started in April, 1944. Departmental areas were planned with a maximum of efficiency for scheduled requirements at the beginning of production and anticipating the needs for future expansion.

Vendors were located and Defense Plant Corporation approved purchasing of equipment began. **T. C. Hsiung** acted as purchasing agent, aided by **E. F. Drake** as technical advisor. **Y. K. Mao** and **C. C. Harrison** were in Long Beach conferring with Douglas officials on all phases of production requirements. The information they gathered was then relayed to San Francisco for action. **C. S. Li** was also in Southern California securing information regarding the materials to be vendor furnished.

The huge production area gradually assumed the aspects of an aircraft factory, and as the weeks passed the wheels of production began moving. The stock room and receiving departments were functioning under **W. L. Woo.** The tool crib had been set up by **Dr. T. S. Pang.** The sub-assembly jigs were in place. Installation of the three main assembly jigs, which arrived July 21, 1944, was quickly accomplished under the supervision of **J. F. Foohey,** former Douglas employee. **Harry H. Ku** had organized the repair and maintenance shops.

C. C. Harrison driving, and Y. K. Mao bucking the first rivet

• Page 3

图2-9-24

1943年，美国华侨筹资并在国内外人士的赞助下创办了中国飞机厂，厂址设在旧金山市，1944年开始投入生产。图为有关中国飞机厂董事、筹备和投入生产情况的介绍。

图2-9-25

中国飞机厂厂报。

（十）南侨机工

1939年，中国所有的国际通道几乎被日军封锁殆尽，只剩下偏居大西南一隅的一条滇缅公路，成为了“中国抗战生命线”。应国民政府请求，华侨领袖陈嘉庚先生在东南亚招募了3000余名会驾驶、懂汽车修理的华侨华人，组成“南洋华侨机工服务团”，简称“南侨机工”，前后分9批派回国内，服务于这条抗战生命线上，主要从事滇缅公路的运输和汽车维修等工作。

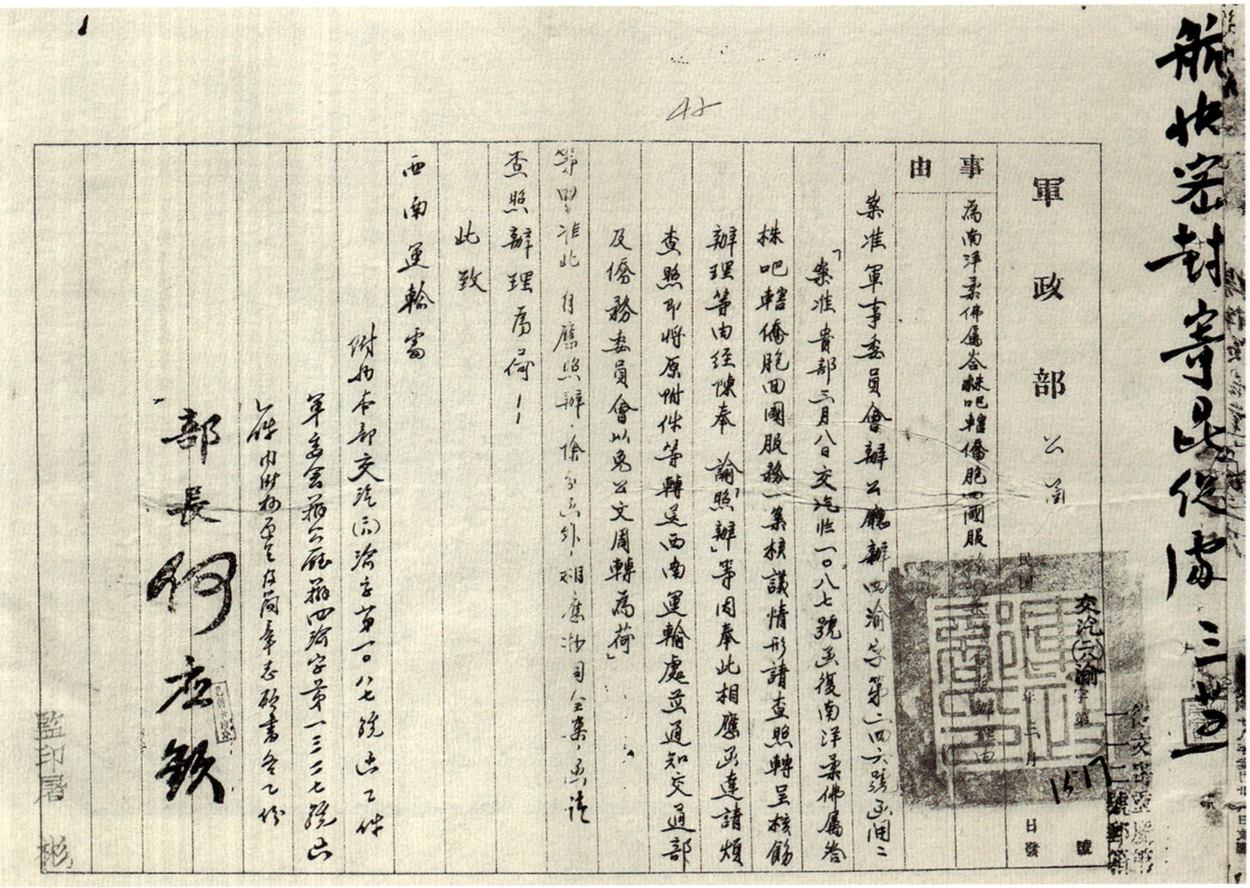

軍政部公函

事由：為南洋柔佛屬峇株吧轄僑胞回國服……

案准軍事委員會辦公廳辦四渝字第二四六號函開：「案准貴部三月八日交汽字一〇八七號函復南洋柔佛屬峇株吧轄僑胞回國服務一案核議情形請查照轉呈核飭辦理等由經陳奉 諭照辦等因奉此相應函達請煩查照即將原附件等轉送西南運輸處並通知交通部及僑務委員會以免公文周轉為荷」等由准此，自應照辦，除分函外，相應抄同全案，函請查照辦理為荷！

此致

西南運輸處

附抄本部交汽渝字第一〇八七號函一件

軍委會辦公廳辦四渝字第一三三七號函

部長 何應欽

图2-10-1

1939年，国民政府军政部为柔佛峇株吧辖（今马来西亚柔佛峇株吧辖）机工服务团事致西南运输处公函（何应钦签发）。

事由：為南洋柔佛屬峇株吧轄僑胞回國服務[illegible]辦理由

案准軍事委員會辦公廳辦四渝字第二四六號函開：「案准貴部三月八日交沱字一○八七號函復南洋柔佛屬峇株吧轄僑胞回國服務一案核議情形請查照轉呈核飭辦理等由，經陳奉諭『照辦』等因。奉此相應函達，請煩查照，即將原附件等轉送西南運輸處並通知交通部及僑務委員會，以免公文周轉為荷。」等由。准此，自應照辦，除分函外，相應抄同全案，函請查照辦理為荷！

此致

西南運輸處

財□部交□司寄字第一一七九五二十

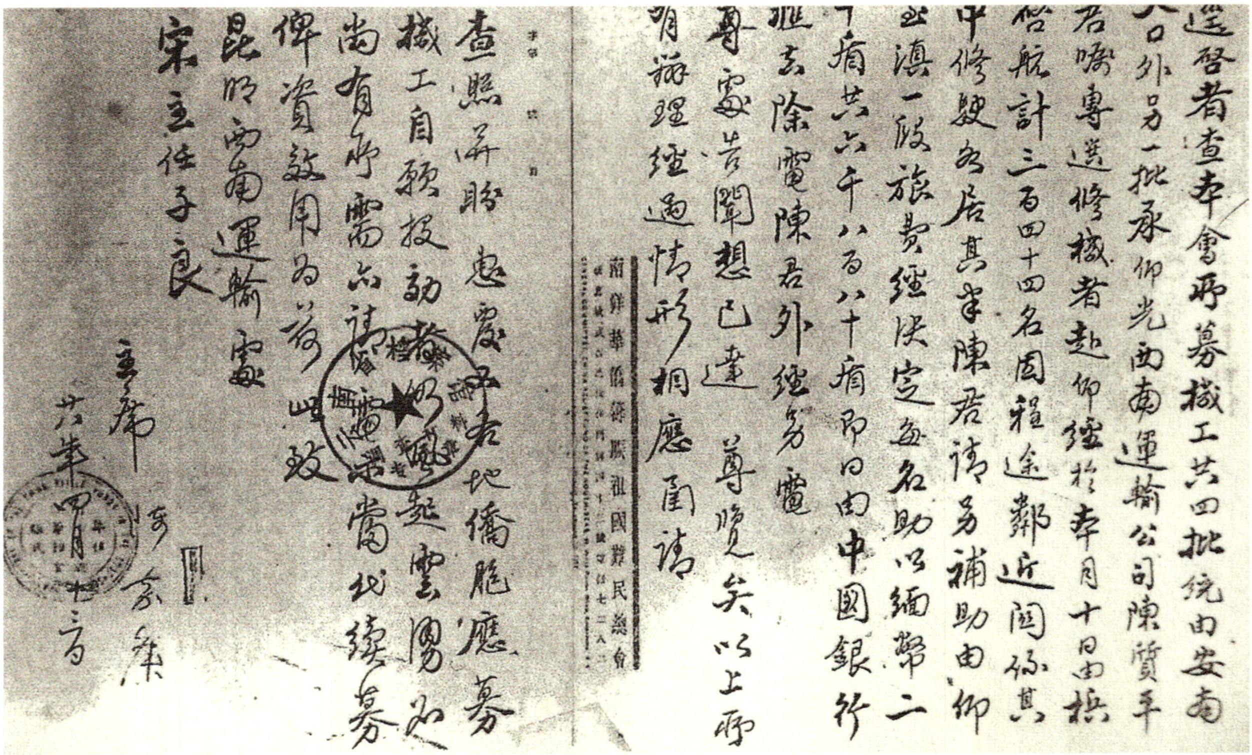

南洋華僑籌賑祖國難民總會

逕啓者查本會所募機工共四批統由安南
入口外另一批承仰光西南運輸公司陳質平
君囑專選修機者赴仰經於本月十日由檳
啓航計三百四十四名同程途鄰近回伊其
中修駛各居其半陳君請另補助由仰
至滇一段旅費經決定每名助叻幣二
十有共六千八百八十有即日由中國銀行
匯去除電陳君外經另電
尊處苦聞想已達 尊覽矣以上所
有辦理經過情形相應函請
查照并盼 惠覆爲荷 再者此地僑胞應募
機工自願投効者殊甚踴躍如
尚有所需尚請 示知當再續募
俾資效用爲荷 此致
昆明西南運輸處
宋主任子良
主席 陳嘉庚
廿八年四月十三日

图2-10-2

受国民政府委托，南侨总会会长陈嘉庚签发关于招募机工的信函。

图2-10-3

马来亚雪兰莪（今马来西亚雪兰莪州）华人第二次机工归国服务欢送会合影。

图2-10-4

1940年，苏门答腊中华机工服务团合影留念。

图2-10-5

回国支援抗战的南洋华侨机工在新加坡集中时的情景。

图2-10-6
崎岖险峻的滇缅公路——著名的“二十四拐”路段。

图2-10-7
南洋华侨机工在滇缅公路运输途中休息。

图2-10-8
南洋华侨机工在滇缅公路运输抗战物资的情景。

图2-10-9
南洋华侨机工在滇缅公路运输抗战物资的情景。

图2-10-10
南洋华侨机工在滇缅公路运输抗战物资的情景。

图2-10-11
部分南侨机工抵达广州。

图2-10-12
南侨机工驾驶的载重量为八吨的大型卡车。

《运输救国歌》

同学们，别忘了我们的口号，
运输救国，安全第一条。
车辆的生命，同样地重要，
好好地保养，好好驾，快把运输任务达到，
再把新的中国来建造。
同学们，别忘了我们的口号，
生活要简朴，人格要高超，
不许赌钱不许嫖，快把烟酒齐戒掉。
听啊！哪怕到处敌机大炮，
宁愿死，不屈挠，
努力保家，忍苦要耐劳，要耐劳。
同学们，别忘了我们的口号，
唤醒着同胞，团结着华侨，
不怕山高，不怕路遥，收复失地，赶走强盗，
把民族的敌人快打倒、快打倒。

图2-10-13
南侨机工的《运输救国歌》。

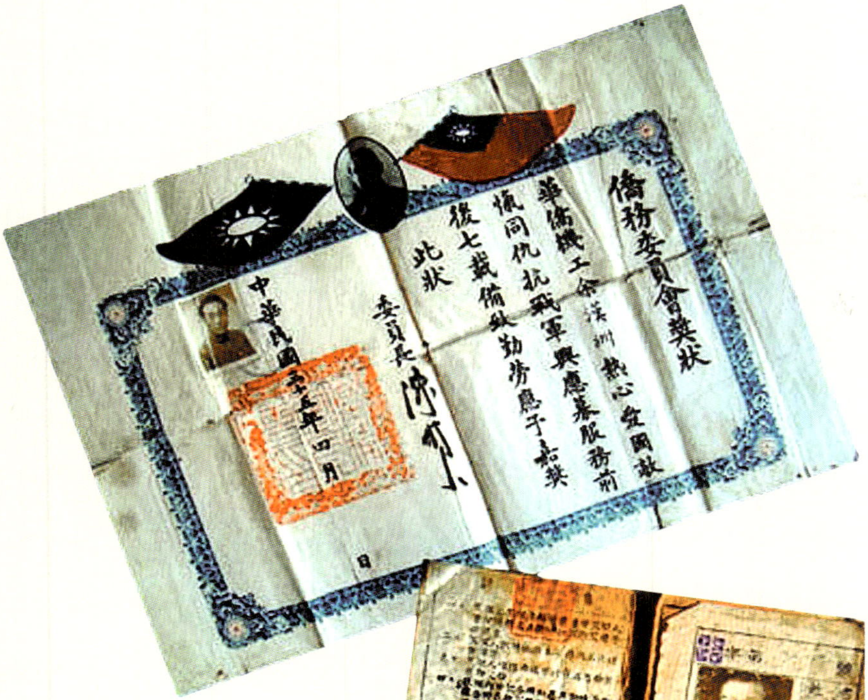

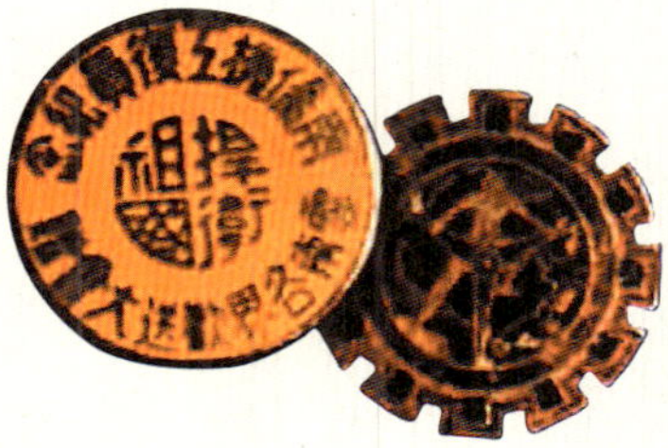

图2-10-14

国民政府侨务委员会发给马来亚（今马来西亚和新加坡）华侨彭海涌的奖状。彭海涌新婚后不久就瞒着家人参加了南侨机工服务团。

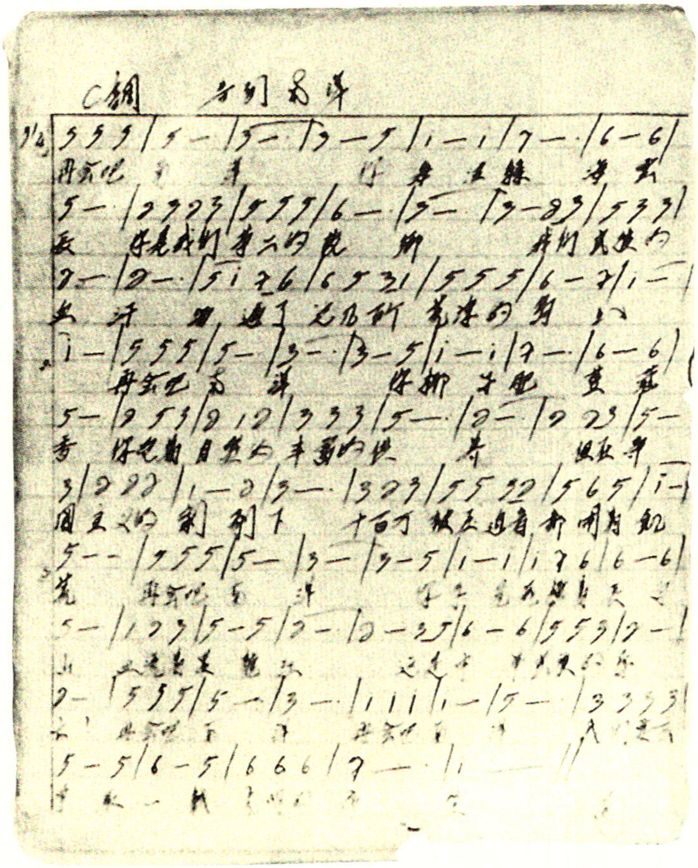

图2-10-15

《告别南洋》——一首表达南侨机工心声的歌曲。

图2-10-16

李月美，生于马来亚槟城（今马来西亚槟城），抗战期间，她响应陈嘉庚先生的号召，积极报名参加南洋华侨机工回国服务团，但因是女儿身而遭婉拒。后她瞒着父母，女扮男装加入南侨机工行列，被誉为“当代花木兰”。何香凝为表彰其爱国精神，曾题写“巾帼英雄”四字赠予她。图为在马来亚当护士时的李月美。

图2-10-17

李月美（二排左六）与星洲机器行机工合影。

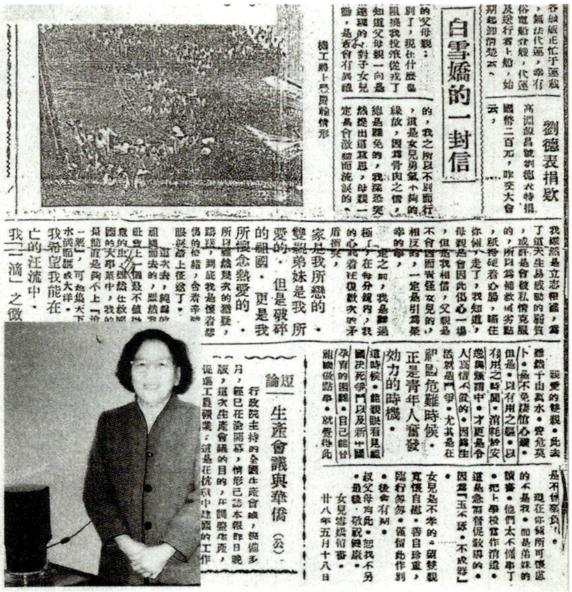

白雪嬌的一封信

劉德表捐款

短論 生產會議與華僑

图2-10-18

白雪娇，马来亚槟城（今马来西亚槟城）华侨，祖籍福建安溪龙门镇，在槟城当教师时看到招募南侨机工通告，瞒着父母，化名“施夏圭”报名应征，临行前才留下告别信告知父母去向。图为白雪娇年轻和老年时的相片以及她留给父母的信。

走之前，我是难过极了，在每分钟内，我的心起着往复数次的矛盾冲突。家是我所恋的，双亲弟妹是我所爱的，但是破碎的祖国，更是我所怀念热爱的。所以虽然几次的犹疑、踌躇，到底我是怀着悲伤的情绪，含着辛酸的眼泪踏上征途了。

这次去，纯为效劳祖国而去的。虽然我是社会上一个不值得注意的虫，虽然在救国建国的大事业中，我的力量简直是够不上“沧海一粟”，可是集天下的水滴而汇成大洋。我希望我能在救亡的汪流中，竭我一滴之微力。

——白雪娇临行前写给父母的信

（1938年5月18日）

图2-10-19

1942年西南运输处招募的南侨机工女队员在昆明合影。

图2-10-20

普亮法师，新加坡莲山双林寺的爱国僧人。抗日战争爆发后，他积极与新加坡南洋华侨筹赈祖国伤兵难民总会取得联系，为总会募得大量资金。他还积极招募华裔技术工人，组成南洋技术救国服务团，并在双林寺中进行集训，后普亮法师遭日军杀害。图为普亮法师（左一）与慈航法师（左二）、太虚大师（右二）等高僧合影。

图2-10-21

新加坡华侨欢送南侨机工回国服务。

图2-10-22

1942年抵达印度盟军机场帮助运输援华物资的部分南侨机工。

（十一）华侨奔赴延安

图2-11-1
1938年春回国参军的部分泰国华侨青年在延安。

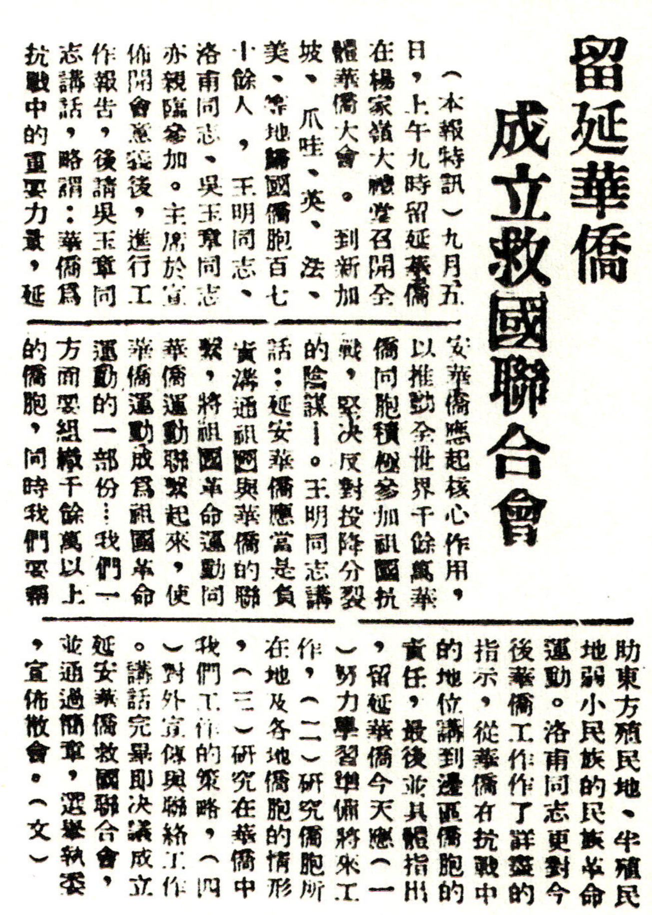

留延華僑
成立救國聯合會

（本報特訊）九月五日，上午九時留延華僑在楊家嶺大禮堂召開全體華僑大會。到新加坡、爪哇、英、法、美、等地歸國僑胞百七十餘人，王明同志、洛甫同志、吳玉章同志亦親臨參加。主席於宣佈開會意義後，進行工作報告，後請吳玉章同志講話，略謂：華僑為抗戰中的重要力量，延安華僑應起核心作用，以推動全世界千餘萬華僑同胞積極參加祖國抗戰，堅決反對投降分裂的陰謀！。王明同志講話：延安華僑應當是負責溝通祖國與華僑的聯繫，將祖國革命運動同華僑運動聯繫起來，使華僑運動成為祖國革命運動的一部份…我們一方面要組織千餘萬以上的僑胞，同時我們要爭助東方殖民地、半殖民地弱小民族的民族革命運動。洛甫同志更對今後華僑工作作了詳盡的指示，從華僑在抗戰中的地位講到邊區僑胞的責任，最後並具體指出，留延華僑今天應（一）努力學習準備將來工作，（二）研究僑胞所在地及各地僑胞的情形，（三）研究在華僑中我們工作的策略，（四）對外宣傳與聯絡工作。講話完畢即決議成立延安華僑救國聯合會，並通過簡章，選舉執委，宣佈散會。（文）

图2-11-2
1940年9月5日，延安华侨第一次代表大会召开，来自新加坡、菲律宾、泰国、美国、英国、法国等国的华侨青年170余人出席。图为《新中华报》的有关报道。

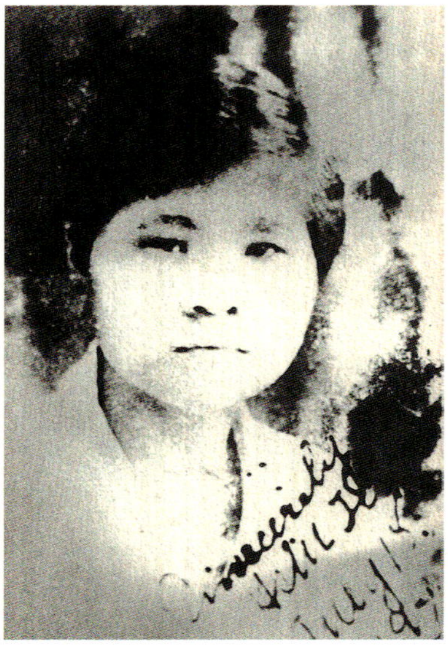

图2-11-3

李林，荷属东印度（今印度尼西亚）华侨，1929年回国，1933年积极参加学生抗日救亡运动，加入共产党领导的“抗日救亡青年团”。1940年1月，任晋绥边区第11行政专员公署秘书主任等职，1940年4月，在反“扫荡”中为掩护部队突围壮烈牺牲，年仅24岁。

图2-11-4

华侨史伦，1938年到延安参加抗日，1940年在反“扫荡”中被俘，英勇就义，年仅21岁。图为史伦（后排右三）与战友的合影。

图2-11-5

在延安新华社任职的菲律宾华侨王唯真、陈萍夫妇。

图2-11-6

新加坡华侨彭光涵，曾参与领导马来亚（今马来西亚和新加坡）华侨抗日救亡运动，1940年到延安参加抗日。

（十二）八路军中的华侨华人

图2-12-1
华侨青年连贯，1935年参加华南抗日武装。

图2-12-2
菲律宾华侨黄登保，1938年回国参加八路军，后任延安炮兵学校队长等职。

图2-12-3
泰国华侨梁传燊，参加了八路军第120师，在晋西北一次反“扫荡”战斗中牺牲，年仅18岁。

图2-12-4
马来亚（今马来西亚和新加坡）华侨林有声，1936年回国参加抗战。

（十三）新四军中的华侨华人

图2-13-1

1936年，马来亚（今马来西亚和新加坡）华侨梁灵光在马来亚发起组织华侨抗日救国会、雪兰莪州反帝大同盟，“七七事变”后他回国参加新四军。图为1943年梁灵光（中）与战友在江苏南通的合影。

图2-13-2

抗战期间，先后参加新四军的海外华侨共有400余人。图为1938年参加新四军的部分泰国华侨青年合影。

图2-13-3
1938年，马来亚（今马来西亚和新加坡）华侨卢胜（前排左一）任新四军二支队四团团长时与部分干部合影。

图2-13-4
泰国华侨王崇新，新四军战士，1939年在一次攻打日军据点的战斗中牺牲。

图2-13-5
新四军不乏骁勇善战的华侨将领。菲律宾华侨叶飞（左），参加南方八省游击队，时任挺进纵队副司令员。

图2-13-6
北伐名将、新四军将领、归国华侨叶挺。

图2-13-7
泰国华侨陈惠，时任新四军军部直属队主任、全军青年工作委员会委员，1941年在皖南事变中牺牲。

图2-13-8
菲律宾华侨李子芳，时任新四军政治部组织部长，1942年牺牲。

图2-13-9
沈尔七，中华民族武装自卫委员会菲律宾分会负责人，回国参加新四军，任总领队。

（十四）东江回国服务团

抗日战争爆发后，祖籍广东东江的华侨华人各团体代表，在周恩来、廖承志的组织领导下，于1938年10月12日在香港召开会议，成立“东江华侨回乡服务团”，以“动员东江群众协助军队及人民武装抗战，并救护伤兵、赈济难民及辅导民众组织各种救亡团体”，服务团设立总团部，负责与南洋华侨团体联系，动员和组织爱国侨胞回乡参战。

图2-14-1

东江华侨回乡服务团吉隆坡队队员在回国前宣誓：“获得最后胜利，我们才肯再回吉隆坡！”东江华侨回乡服务团深入东江各地城乡，救济灾民、宣传抗日，配合游击队作战，很多人在抗战中牺牲。

图2-14-2

泰国华侨钟若潮、王丽夫妇新婚不久即回国参加东江人民抗日游击队，钟若潮任独立中队政委。1943年王丽牺牲，1944年钟若潮在马山保卫战中牺牲。图为二人合影。

图2-14-3

澳大利亚华侨曾生（左一），时任东江纵队司令员。

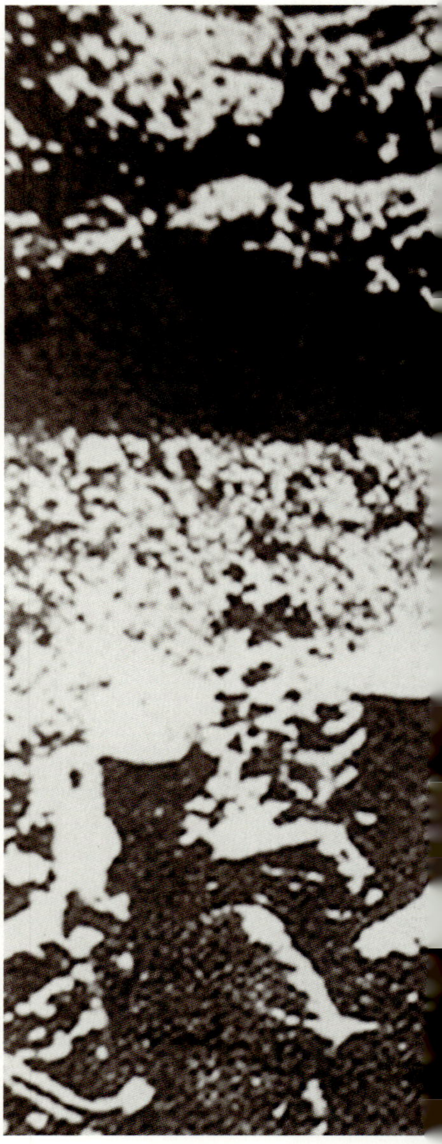

图2-14-4

东江华侨回乡服务团文森队队员途经香港时合影，队长王春红（前排中）、队员欧巾雄（后排右一）后来成为东江纵队出色的民运工作者。

图2-14-5

东江华侨回乡服务团吉隆坡队回国加入东江纵队，图为他们抵达香港时的合影。

图2-14-6
东江人民抗日武装。

（十五）琼崖纵队中的华侨华人

图2-15-1
新加坡华侨庄田，曾留学莫斯科红军步兵学校，并参加长征，时任琼崖游击队独立纵队副司令员。

图2-15-2
马来亚（今马来西亚和新加坡）华侨陈青山，曾是马来亚华侨抗敌后援会负责人之一，时任琼崖纵队抗日游击队负责人。

图2-15-3
越南琼侨救国总会总团团长符克，1939年3月回国组织抗日宣传、战地救护，1940年被国民党顽固派杀害，年仅26岁。

图2-15-4
琼崖纵队高级将领中有许多华侨，马来亚（今马来西亚和新加坡）华侨吴克立（右）时任琼崖纵队副司令员。

图2-15-5
琼崖纵队中的华侨女战士。

（十六）抗日侨领与侨团

图2-16-1

早在1937年10月，陈嘉庚便发起成立“马来亚新加坡华侨筹赈祖国伤兵难民大会委员会”。1938年10月，菲律宾的李清泉、荷属东印度（今印度尼西亚）的庄西言致函陈嘉庚，商议成立“南洋华侨筹赈祖国难民总会”，陈嘉庚任主席（李清泉、庄西言为副主席）。该会为祖国共筹得约合4亿余元国币的捐款及寒衣、药品、卡车等物资，并在新加坡和重庆投资开办制药厂，直接生产药品供应中国抗日军队。1939年，陈嘉庚应国民政府请求，在南洋招募3200余名华侨机工回国服务，在滇缅公路上抢运中国抗战急需物资。

> 我离开祖国已十八九年了，对国内的情形，很欠明悉，但是我有一颗心，这颗心随时随地都惦念着祖国！……这次我们回来，带来的是一颗心，一颗赤裸裸而又热诚的心！
>
> 这次回国考察，冀可获悉抗战以来军政如何努力进步，将诸多良好成绩材料，带回南洋，向华侨报告宣传，使千万侨众增加爱国热心，俾私人汇款及救济义捐，月月增进，以外汇财力助祖国抗战，此为余及庄君并慰劳团回国之原因。
>
> ——陈嘉庚
>
> （《新中华报》1940年3月27日）

图2-16-2

《新中华报》刊载的一段陈嘉庚回国考察时的讲话。

陈嘉庚（1874～1961年）：著名爱国华侨领袖、企业家、教育家、慈善家。曾创办集美学校与厦门大学。曾任中国人民政治协商会议全国委员会副主席，全国人民代表大会常务委员会委员，中华全国归国华侨联合会首任主席，被毛泽东主席称誉为“华侨旗帜，民族光辉”。

图2-16-3

1940年3月，67岁的陈嘉庚率领南洋华侨回国慰劳视察团慰问抗战军民，历时10个月。图为陈嘉庚（前排右四）率领南洋华侨回国慰劳视察团到达重庆时与欢迎者的合影。

图2-16-4

1940年5月31日，陈嘉庚一行抵达延安慰劳抗战军民。

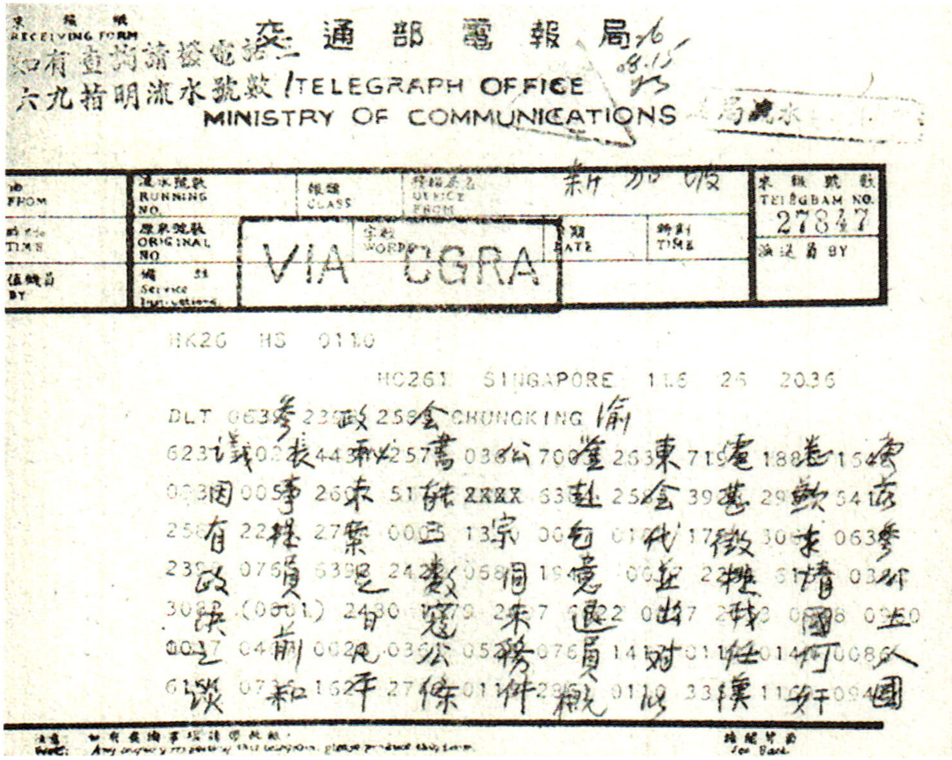

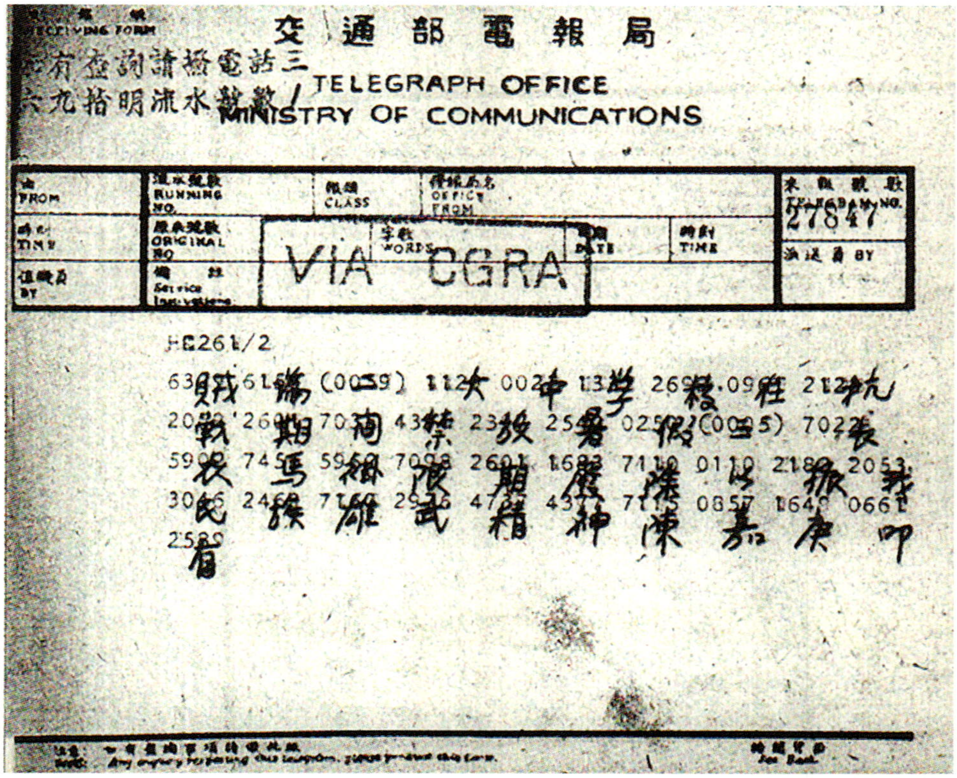

图2-16-5

1938年10月，陈嘉庚从新加坡向重庆国民参政会一届二次会议发出一份电报提案，要求“日寇未退出我国土之前凡公务员对任何人谈和平条件概以汉奸国贼论”。此提案经修改为“公务员不得谈和平”，获得会议通过，被誉为“古今中外最伟大的一个提案”。图为重庆交通部电报局当时接收的提案电文。

司徒美堂（1868～1965年）：著名旅美爱国侨领，中国致公党创始人，1882年赴美谋生，后加入“洪门致公堂”。在美期间筹款支持辛亥革命。抗日战争期间，发起“纽约华侨抗日救国筹饷总会”。1948年，响应中共中央召开政治协商会议的倡议回国。

图2-16-6

1937年抗日战争爆发后，司徒美堂与旅美进步人士共同成立“纽约华侨抗日救国筹饷总会”，发动华侨捐款支持抗战，并与宋庆龄所领导的“保卫中国同盟”保持密切联系，积极支持共产党领导的抗日部队——八路军和新四军。当时八路军驻香港办事处还几次收到他从美洲直接汇来的捐款。在司徒美堂的带领下，美洲洪门侨众全力捐助祖国，贡献至巨；而他所领导的筹饷总会在八年抗战期间，总计筹集了约330万美元。

图2-16-7

1949年9月21日，司徒美堂出席全国政协第一次会议时签到。

图2-16-8
抗日战争期间司徒美堂（后排中）在韶关孤儿院慰问孤儿。

图2-16-9（上）
1941年，司徒美堂（左三）等在重庆。

图2-16-10（下）
泰国中华总商会主席、暹罗华侨慈善筹赈会领导人之一蚁光炎积极组织当地华侨开展抗日活动，1939年11月21日晚，在曼谷耀华力路惨遭日军杀害。图为蚁光炎（前排右三）在泰国各地宣传抗日。

海外华侨主要抗日救亡团体一览表（1931～1945年）

地区	组织名称	成立时间	主要领导人	备注
东南亚	南洋华侨筹赈祖国难民总会	1938年10月10日	陈嘉庚 庄西言 李清泉 侯西反 李铁民	
	马来亚新加坡华侨筹赈祖国伤兵难民大会委员会	1937年8月15日	陈嘉庚	
	马来亚华侨各界抗敌后援会	1937年8月	王炎之 粘文华 戴英浪	
	南洋惠侨救乡会	1938年10月30日	黄伯才 戴子良 孙荣光	
	中华民族解放先锋队新加坡队	1937年9月	施方平	
	菲律宾华侨援助抗敌委员会	1938年	李清泉 杨启泰 薛芬士	
	菲律宾华侨各劳工团体联合会	1938年5月1日	施唤醒 高剑锋 庄焰 林修竹 沈尔七 蔡汉祥 黄怡涂 沈福水 魏文基 吴紫清	
	菲律宾华侨店员救亡协会	1938年4月24日	许立 尤鸿源 张匡时	
	琼崖华侨救乡联合总会	1938年11月	郭新 王兆松 符致逢	
	荷印巴达维亚华侨捐助祖国慈善事业委员会	1937年8月2日	丘元荣 庄西言	
	缅甸华侨救灾总户	1937年8月	陈占梅 陈吉昌 陈步墀 邝金保 王相尧 陈上坑 钟宪之 黄天照	
	缅甸华侨抵制日货总会	1937年10月2日	徐四民等	
	西堤华侨工人救国会（越南）	中国抗战初期	布日新 陈天水	
	西堤华侨妇女救灾会	1937年“七七事变”后	唐耕耘 易孝珍	
	越南南圻华侨救国总会	1938年初	张长 颜子俊 陶笏庭 陈肇基 张伟堂	

续表

地区	组织名称	成立时间	主要领导人	备注
	越南华侨救国总会	1937年“七七事变”后		
	暹罗华侨各界抗日救国联合会	1938年1月初	许一新 李华 黄耀寰 许侠 吴琳曼	成立时间一说1937年冬
	暹罗华侨慈善筹赈会		蚁光炎 许侠	
美洲	华侨拒日救国后援总会	1931年9月		
	中华民国国民抗日救国总会	1936年4月	邝炳舜 尤水增	1937年“七七事变”后，中华民国国民抗日救国总会并入旅美华侨统一义捐救国总会。
	旅美华侨统一义捐救国总会	1937年8月21日	邝炳舜 何少汉 陈笃周	
	纽约华侨抗日救国筹饷总会	1937年8月24日	司徒美堂 陈光润 杨炳 李爙逌 赵鼎荣 刘恩初等	
	纽约全体华侨抗日救国会	1936年1月	伍宪子	
	芝加哥华侨救国后援会	1934年8月	梅友卓 李伟泮 谭赞 周宇凡	
	维多利亚抗日救国会	1931年9月26日	翁唯我 周家超 关元恩 钟玉楼 关祝华 袁金荣 汤龙恩	
	温尼伯抗日救国会（加拿大）	1937年“七七事变”后	区富 马本舜 林昌	1931年“九一八事变”后，温尼伯华侨成立温尼伯拒日后援会，1935年夏停止活动。1937年改名为温尼伯抗日救国会。
	温哥华义捐救国总会	1938年2月15日	刘维炽 麦锡舟 黄卫青 林雨亭 黄云友 江景濂 郑建国	
	蒙特利尔救国总会	1938年	阮赓唐 李道轸 李明参	
	加拿大华侨抗日救国筹饷总会（温哥华）			
	墨西哥华侨抗日后援总会	1936年		

续表

地区	组织名称	成立时间	主要领导人	备注
	（古巴）旅古华侨抗日后援总会	1931年 “九一八事变”后	林元亨 朱家兆	淞沪之战停止后，旅古华侨抗日后援总会工作暂停。1937年卢沟桥事变后，该会活动恢复。
	安托法加斯塔华侨青年会（智利）	1937年11月19日		
	秘鲁华侨抗日筹饷总会			
	牙买加华侨抗日救国会	1931年11月8日成立 1937年8月28日重建	张辅仁 陈仲儒 郑水康 张仲潜 李谈仁	
欧洲	全欧华侨抗日救国联合会	1936年9月20日	吴玉章 王海镜 陶行知 胡秋原 陈铭枢	
欧洲	旅法华侨抗日救国联合会	1936年1月28日	王海镜 李坤 陈柱天 吴康 雷子声 何肇绪	
欧洲	旅德华侨抗日联合会	1936年3月2日	张炎 黄琪翔 赵一肩 王深林 秦丰川	
欧洲	荷兰华侨抗日救国会	1937年 “七七事变”后	施锡仰	
欧洲	旅英华侨抗日救国会	1936年10月	黄同仇 黄少谷 胡秋原 侯雨民 李遇安 王礼锡	
欧洲	法国巴黎中华民众抗日救国会	1936年1月28日		
大洋洲	澳大利亚悉尼华侨抗敌救国后援会			
大洋洲	新西兰华侨联合总会	1937年9月26日		
非洲	模里斯（今毛里求斯）华侨抗敌后援会	1937年 “七七事变”后		
非洲	德兰士瓦华侨妇女协会（南非 约翰内斯堡）	1937年9月14日	廖文科夫人	
非洲	马达加斯加华侨抗日救国会			

资料来源：中华人民共和国国务院侨务办公室、新华通讯社、中国海外交流协会编印：《华侨与抗日战争》，中国华侨出版社，2006年；周南京主编，梁英明、何芳川、巫乐华副主编：《世界华侨华人词典》，北京大学出版社；李安山著：《非洲华侨华人史》，中国华侨出版社。

第三部分

世界反法西斯战争中的华侨华人

海外华侨华人不仅心系祖国，同时也积极参与了侨居国抗击法西斯侵略者的战斗，奋起保卫第二故乡，在世界反法西斯战争中占据了重要的篇章。

（一）正义结盟 持久抗战

1. 1942年1月，美、英、苏等26个国家在华盛顿签署《联合国家宣言》，标志着国际反法西斯同盟正式建立。海外华侨华人再次掀起支援世界反法西斯同盟、支援祖国的高潮，在世界不同的地方，以舆论宣传、筹款集资等多种方式，贡献着自己的力量。

图3-1-1
1943年，美国旧金山学校的华侨女学生购买抗战公债。

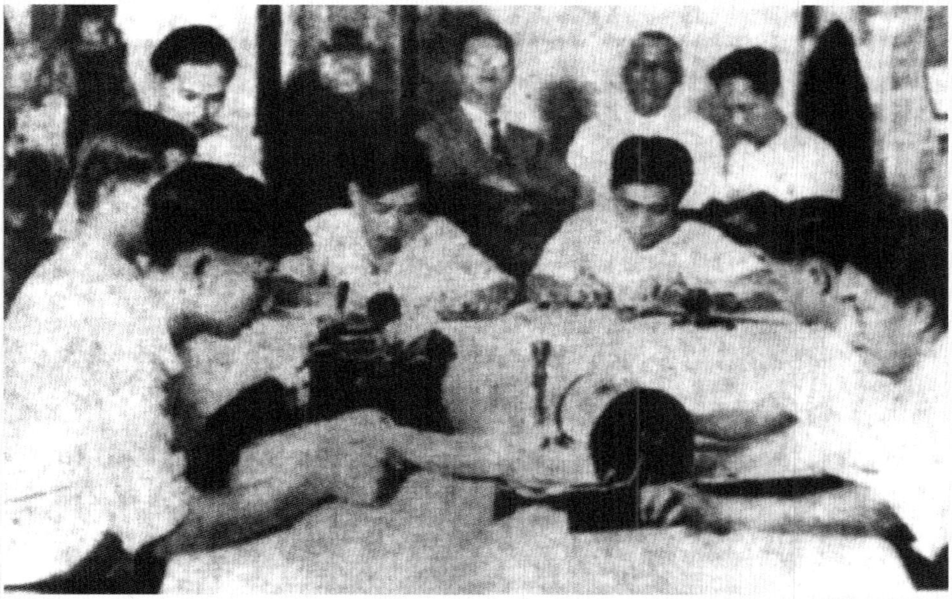

图3-1-2
非洲马达加斯加侨胞，每日从收音机里收听抗战消息并加以翻译传播。

图3-1-3
1942年4月，菲律宾华侨创办地下抗日报纸《华侨导报》进行抗日宣传。图为该报举办的华支战利品小型展览。

2. 创刊于1940年7月8日的《美洲华侨日报》，是在纽约华侨全力支持下创办的。始终坚持客观、真实的报道和公正的评论，以伸张正义、支持世界和平和人类进步事业为己任，二战期间及时报道反法西斯同盟动态，积极宣传抗日。

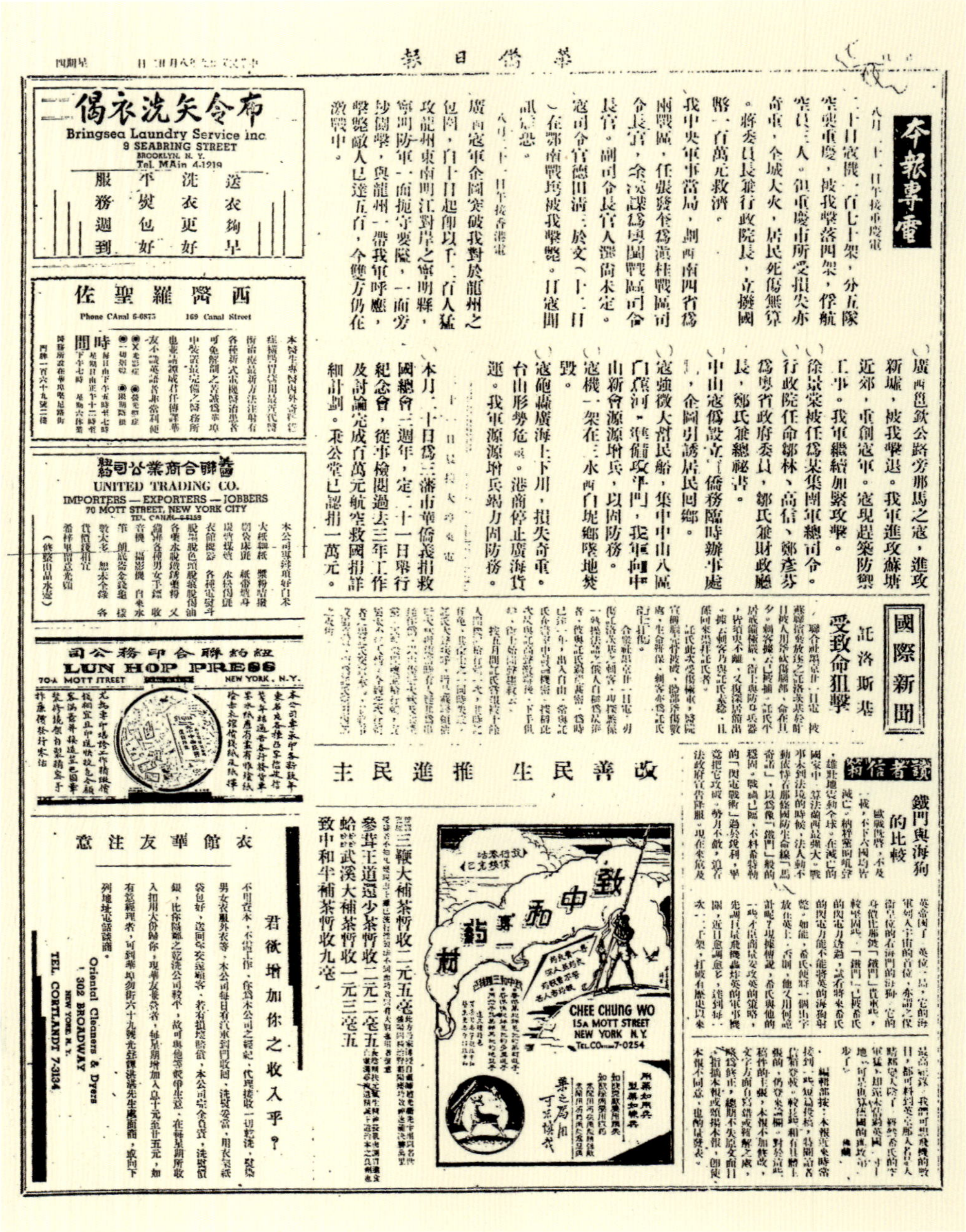

華僑日報

星期四

本報專電

八月二十一日午接重慶電

二十日寇機一百七十架，分五隊空襲重慶，被我擊落四架，俘航空員三人。但重慶市所受損失亦奇重，全城大火，居民死傷無算。蔣委員長兼行政院長，立撥國幣一百萬元救濟。

我中央軍事當局，劃西南四省為兩戰區，任張發奎為滇桂戰區司令長官，余漢謀為粵閩戰區司令長官。副司令長官人選尚未定。

寇司令官德田清三於文（十二日）在鄂南戰場被我擊斃。日寇聞訊震恐。

八月二十一日午接香港電

廣西寇軍企圖突破我對於龍州之包圍，自十日起即以千二百人猛攻龍州東南明江對岸之寧明縣，寧明防軍一面扼守要隘，一面旁抄側擊，與龍州一帶我軍呼應，擊斃敵人已達五百，今雙方仍在激戰中。

（一）廣西邕欽公路旁那馬之寇，進攻新墟，被我擊退。我軍進攻蘇塘近郊，重創寇軍。寇現趕築防禦工事。我軍繼續加緊攻擊。

（二）徐景棠被任為某集團軍總司令。

（三）行政院任命鄒林、高信、鄭彥棻為粵省政府委員，鄒氏兼財政廳長，鄭氏兼總秘書。

（四）中山寇偽設立「僑務臨時辦事處」，企圖引誘居民回鄉。

（五）寇強徵大批民船，集中中山八區白蕉河，準備攻斗門，我軍向中山新會源源增兵，以固防務。

（六）寇機一架在三水西南白坭鄉墜地焚毀。

（七）寇砲轟廣海上下川，損失奇重。台山形勢危急。港商停止廣海貨運。我軍源源增兵竭力固防務。

十一日晨接大埠來電

本月二十日為三藩市華僑義捐救國總會三週年，定二十一日舉行紀念會，從事檢閱過去三年工作及討論完成百萬元航空救國捐詳細計劃。黃公堂已認捐一萬元。

國際新聞

托洛斯基受致命狙擊

讀者信箱

鐵門與海狗的比較

改善民生 推進民主

布令矢洗衣館
Bringsea Laundry Service inc
9 SEABRING STREET
BROOKLYN, N. Y.
Tel. MAin 4-1919
送衣夠早 洗衣更好 平熨包好 服務週到

西醫羅聖佐
Phone CAnal 6-6875 169 Canal Street

聯合商業公司
UNITED TRADING CO.
IMPORTERS — EXPORTERS — JOBBERS
70 MOTT STREET, NEW YORK CITY

紐約聯合印務公司
LUN HOP PRESS
70-A MOTT STREET NEW YORK, N.Y.

三鞭大補茶暫收二元五毫
參茸王道還少茶暫收二元二毫五
蛤蚧武溪大補茶暫收一元三毫五
致中和半補茶暫收九毫

致中和
CHEE CHUNG WO
15A MOTT STREET
NEW YORK N.Y.
TEL. CO. 7-0254

衣館華友注意

君欲增加你之收入乎？

不用資本，不需工作，你為本公司之經紀，代理接收一切乾洗，熨燙男女衣服外衣等。本公司每日有汽車到門收回，洗熨妥當，用衣紙袋包好，送回交還顧客。若有損壞賠償，本公司完全負責，洗熨價錢，比你隔鄰之乾洗公司較平，故可與他等競爭生意。在每星期所收入扣用大份歸你，現華友營業者，每星期增加入息十元至廿五元，如有意經理者，可到華埠勿街六十九號光昌隆洪漢先生處面商，或向下列地址電話談商。

Oriental Cleaners & Dyers
302 BROADWAY
NEW YORK N.Y.
TEL. CORTLANDT 7-3134

CHINA DAILY NEWS

美洲華僑日報

THURSDAY AUGUST 22 1940 VOL 1—NO.35

本日內容提要

專電摘要

重慶擊落四寇機

英以中太平洋兩島租與美國

租英屬地法律根據

美國會提出多宗徵兵法修改案

英倫積極備防

直布羅陀受慘炸

拘捕反納粹德人

美運艦已離險境

意希有衝突勢

社論 促成外僑註册服務機關及籍民與非籍民之關係

图3–1–4

《美洲华侨日报》对战事的相关报道。

图3-1-5
徐永瑛、唐明照与冀贡泉共同创办《美洲华侨日报》。图为该报创办人之一徐永瑛。

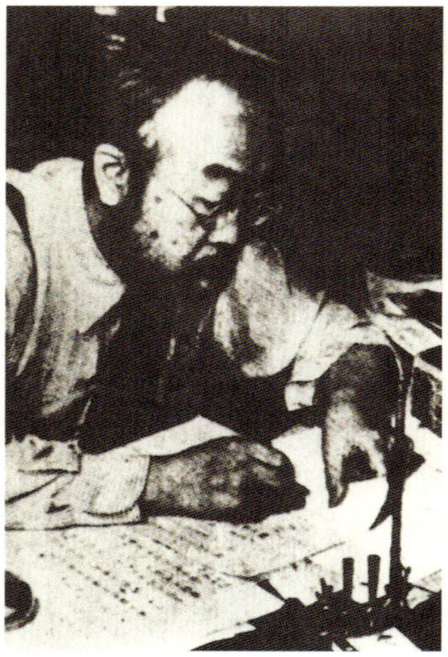

图3-1-6
《美洲华侨日报》总编辑冀贡泉。

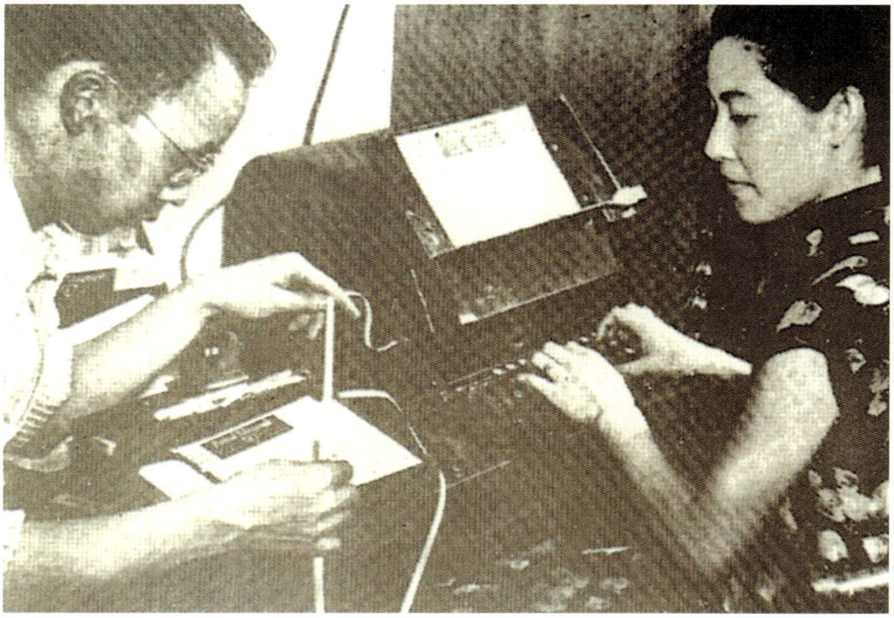

图3-1-7
唐明照夫妇在《美洲华侨日报》工作时合影。

3. 缅华战工队，全称缅甸华侨战时工作队，是在战火烧到缅甸时由部分缅甸华侨自发组建的。1941年12月23日，仰光遭日机首次空袭。1942年1月，缅华战工队正式成立。战工队的队员有70多人，他们大多为当地的华侨热血青年，而队长则由《黄河大合唱》的作词人张光年担任。战工队的主要工作是深入群众做抗日宣传工作，他们在当地进行公演，合唱用缅文填词的抗日歌曲《黄河大合唱》、《保卫缅甸》等，曾引起极大轰动。

图3-1-8
缅甸华侨战时工作队青年队员在曼德勒市街头宣传抗日，
走在队伍最前面的是著名诗人、词作家张光年。

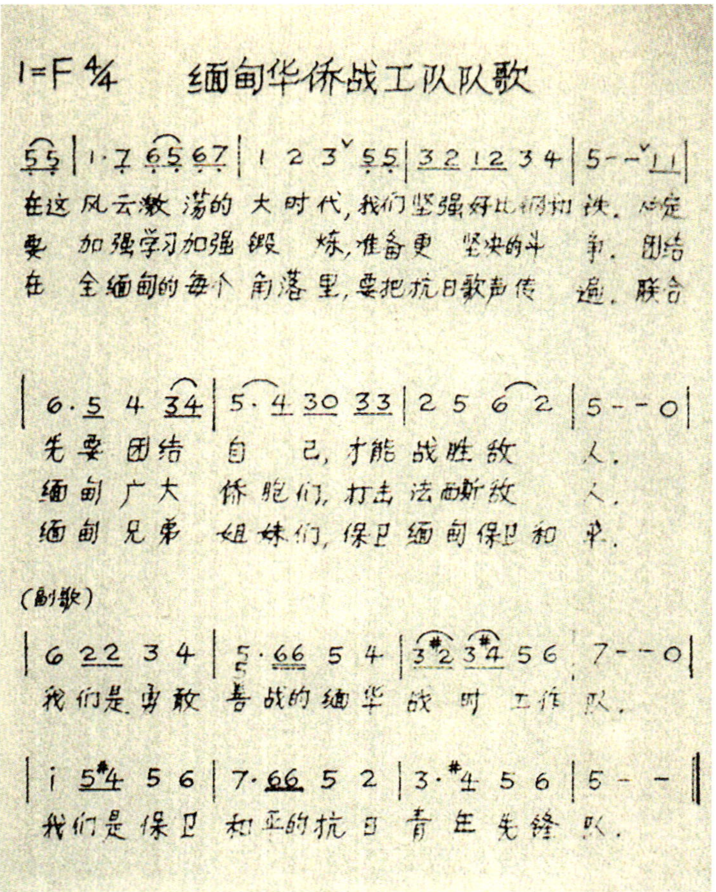

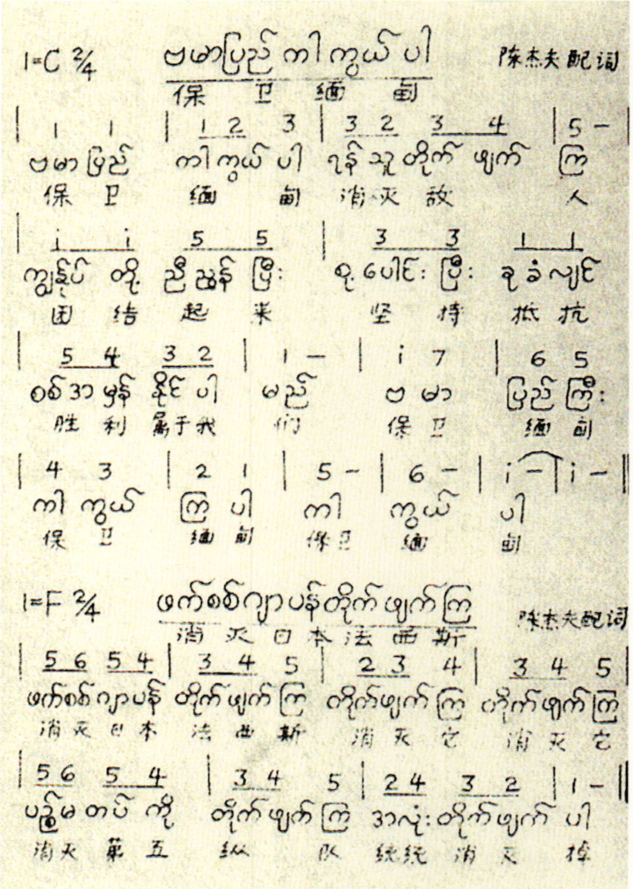

图3-1-9

《缅甸华侨战工队队歌》与《保卫缅甸》等抗日歌曲。

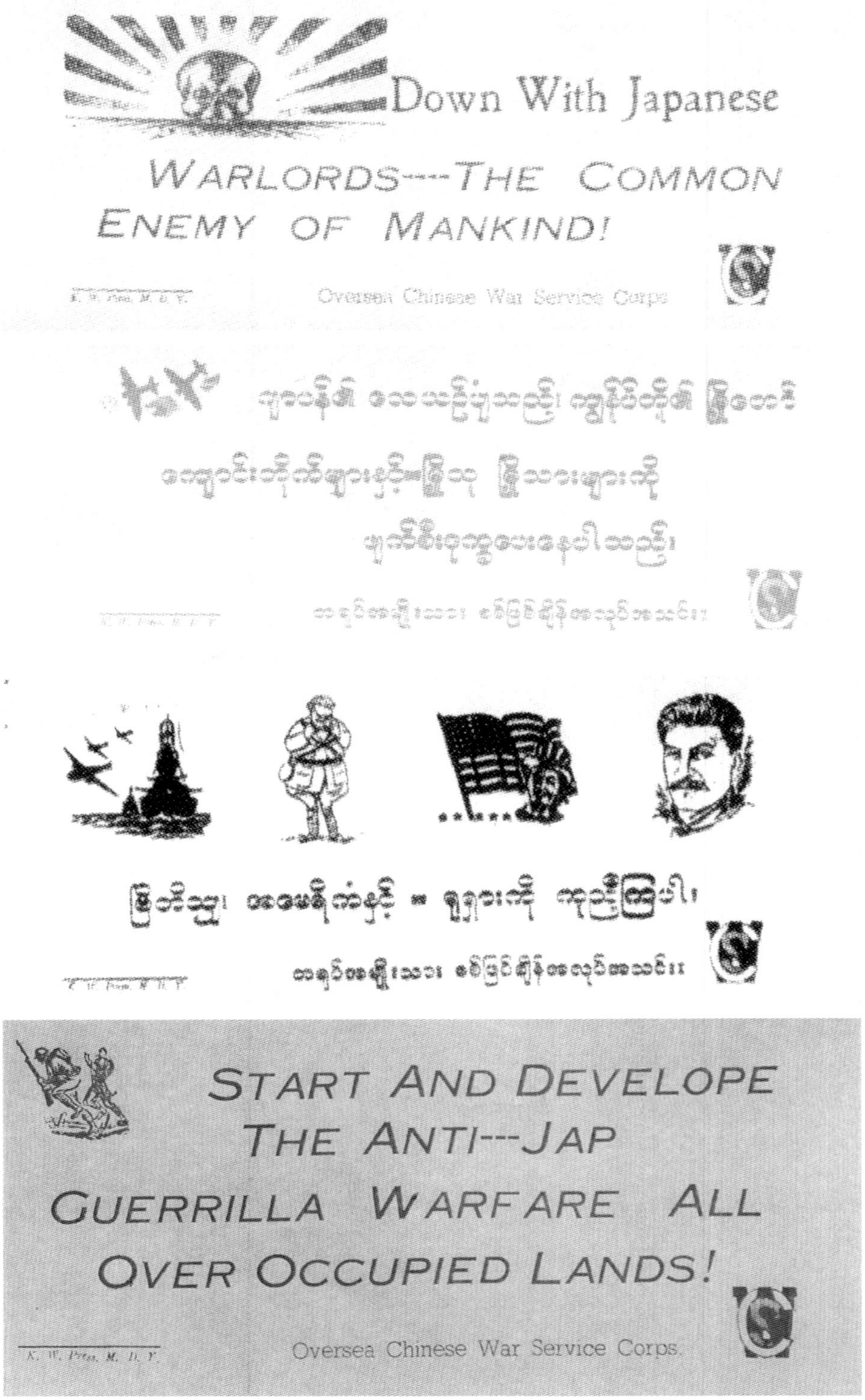

图3–1–10

缅甸华侨战时工作队传单。

4．1941年6月，法西斯德国对苏联发动了不宣而战的突然袭击，促使欧洲反法西斯战线正式形成。同年12月7日凌晨，日本偷袭美国珍珠港，同时轰炸威克岛、关岛、马尼拉、新加坡、香港等地的美、英军队，太平洋战争由此爆发。美、英、法、加、荷、澳、新西兰等国随即对日宣战，从而改变了中国抗日战争长期孤军奋战的局面，演变成为世界反法西斯战争的重要组成部分。在此期间，华侨同侨居国人民一起并肩战斗，奋起保卫侨居国，为抗击日本法西斯侵略者立下赫赫战功。

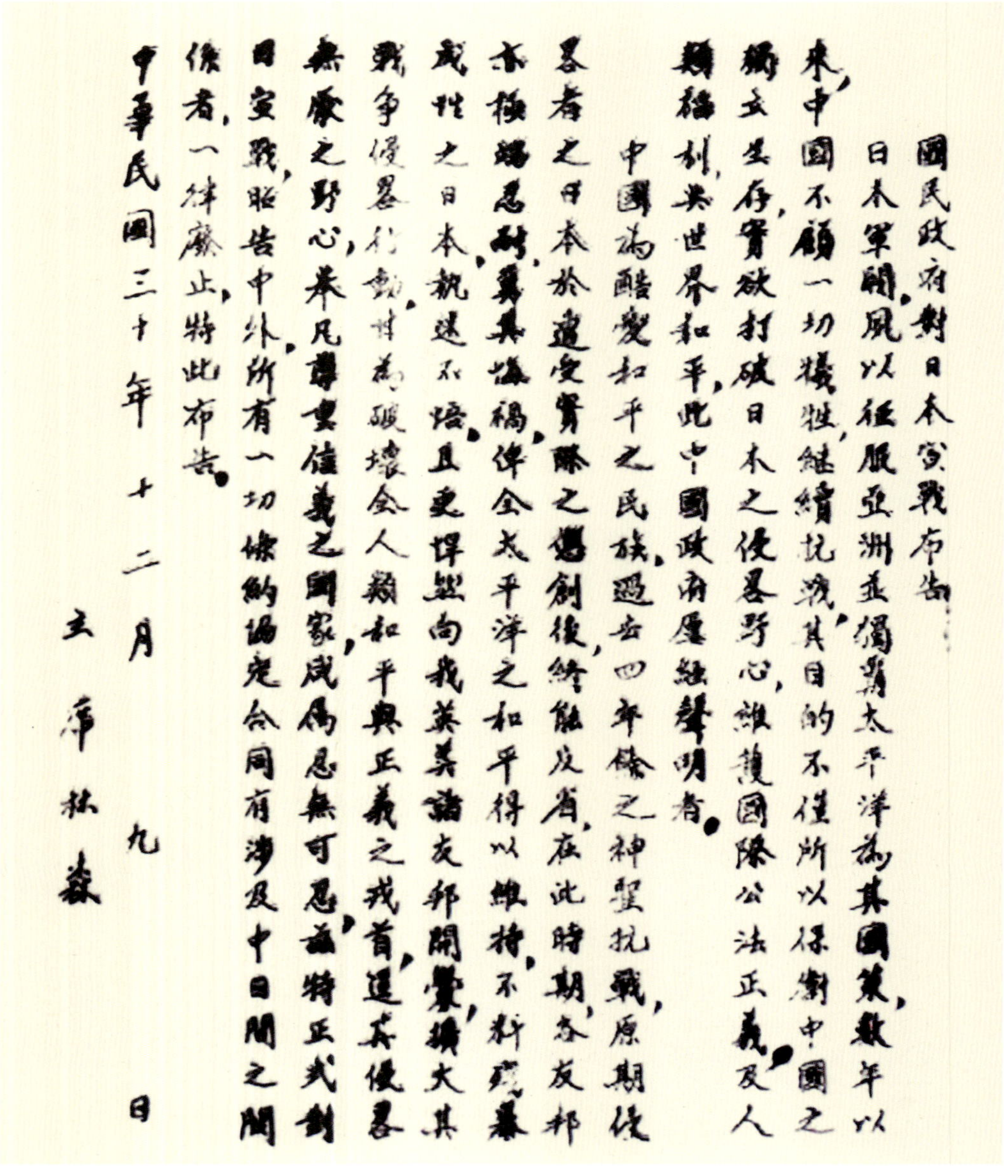

國民政府對日本宣戰布告

日本軍閥夙以征服亞洲並獨霸太平洋為其國策，數年以來，中國不顧一切犧牲，繼續抗戰，其目的不僅所以保衛中國之獨立生存，實欲打破日本之侵略野心，維護國際公法正義及人類福利與世界和平，此中國政府屢經聲明者。

中國為酷愛和平之民族，過去四年餘之神聖抗戰，原期侵略者之日本於遭受實際之懲創後，終能反省，在此時期，各友邦亦極端忍耐，冀其悔禍，俾全太平洋之和平，得以維持，不料殘暴成性之日本，執迷不悟，且更悍然向我英美諸友邦開釁，擴大其戰爭侵略行動，甘為破壞全人類和平與正義之戎首，逞其侵略無厭之野心，舉凡尊重信義之國家，咸屬忍無可忍，茲特正式對日宣戰，昭告中外，所有一切條約協定合同，有涉及中日間之關係者，一律廢止，特此布告。

中華民國三十年十二月九日

主席林森

图3-1-11

1941年12月9日，国民政府发布《国民政府对日本宣战布告》，正式对日本宣战，同日对德、意宣战。

國民政府對日本宣戰布告

日本軍閥夙以征服亞洲，並獨霸太平洋為其國策。數年以來，中國不顧一切犧牲，繼續抗戰，其目的不僅所以保衛中國之獨立生存，實欲打破日本之侵略野心，維護國際公法正義及人類福利，與世界和平，此中國政府屢經聲明者。

中國為酷愛和平之民族，過去四年餘之神聖抗戰，原期侵略者之日本於遭受實際之懲創後，終能反省。在此時期，各友邦亦極端忍耐，冀其悔禍，俾全太平洋之和平得以維持。不料殘暴成性之日本，執迷不悟，且更悍然向我英美諸友邦開釁，擴大其戰爭侵略行動，甘為破壞全人類和平與正義之戎首，逞其侵略無厭之野心，舉凡尊重信義之國家，咸屬忍無可忍，茲特正式對日宣戰，昭告中外，所有一切條約協定合同有涉及中日間之關係者，一律廢止，特此布告。

中華民國三十年十二月九日

主席林森

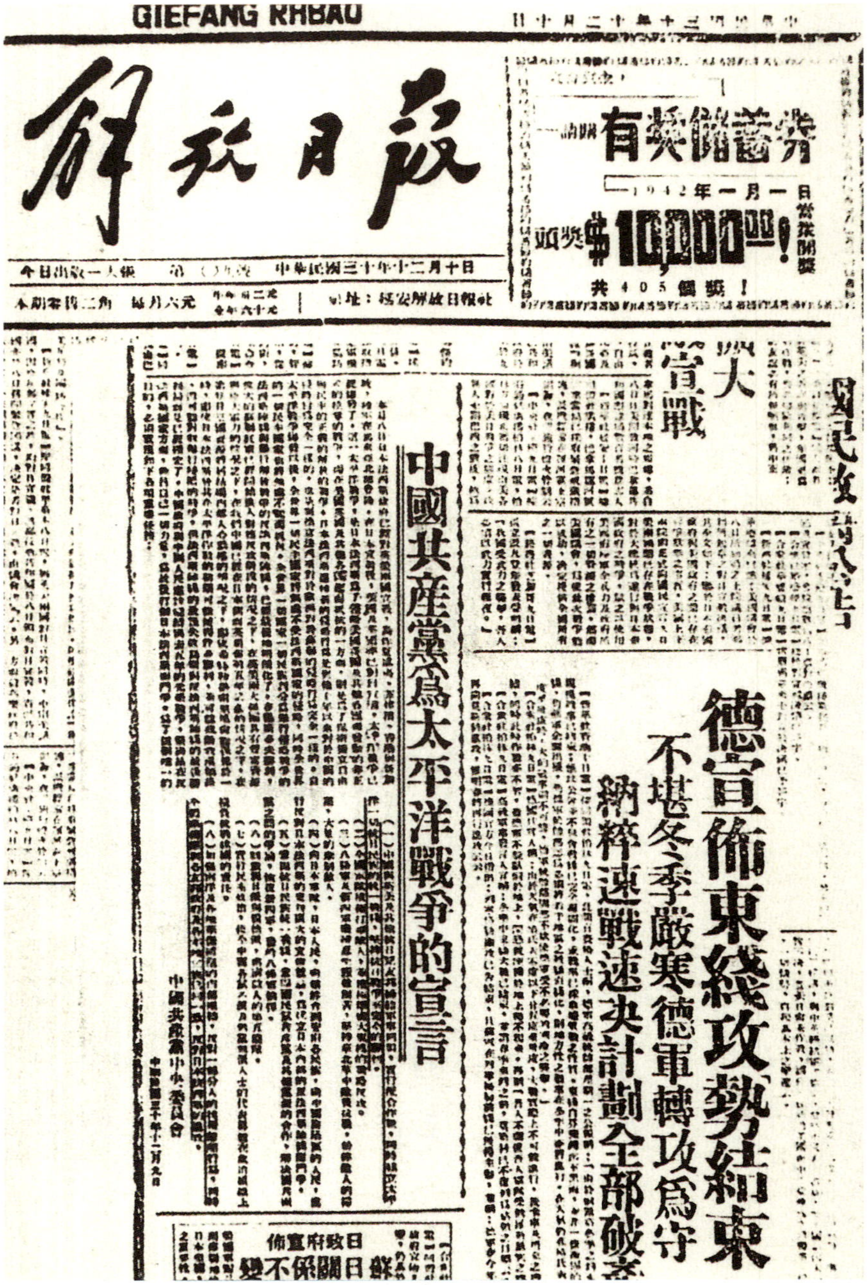
QIEFANG RHBAO

解放日報

中華民國三十年十二月十日

今日出版一大張

本期零售二角 每月六元

社址：延安解放日報社

有獎儲蓄券

1942年一月一日

頭獎$10,000元！

共405個獎！

中國共產黨為太平洋戰爭的宣言

中國共產黨中央委員會

德宣佈東綫攻勢結束

不堪冬季嚴寒德軍轉攻為守 納粹速戰速決計劃全部破產

图3-1-12

1941年12月9日，中国共产党就太平洋战争爆发发表宣言，指出应加强南洋及各地华侨同胞的内部团结；同时全体华侨应与各友邦政府及本地民族协同一致，反对日本法西斯的进攻。图为《解放日报》刊登的该宣言。

中國共產黨為太平洋戰爭的宣言

中國共產黨中央委員會

中華民國三十年十二月九日

德宣佈東綫攻勢結

不堪冬季嚴寒德軍轉攻

納粹速戰速決計劃全

大 宣戰

日本占领东南亚各地时间	
时间	时间
1940年	日本占领柬埔寨
1940年9月	日本占领老挝
1941年	日本占领文莱
1941年12月8日	日本对菲律宾发起进攻
1942年1月2日	日本占领马尼拉（菲律宾首都）
1942年1月11日	日军占领马来亚（今马来西亚和新加坡）首府吉隆坡
1942年2月15日	日本占领新加坡
1942年2月8日	日本占领爪哇岛（所属荷属东印度，现印度尼西亚第四大岛屿）
1942年3月7日	日本占领仰光（缅甸原首都）
1942年5月5日	日军占领菲律宾群岛、瓜达尔卡纳群岛
1943年10月21日	日本在新加坡建立“自由印度临时政府”
1945年3月9日	日本在越南、柬埔寨、老挝撤销法国殖民行政机关并建立傀儡政府

图3-1-13
日军控制了占领地的粮食，实行配给制，并不断减少配给量，忍饥挨饿成了人们生活的一部分。

（二）菲律宾华侨抗日游击支队

1942年5月，菲律宾华侨抗日游击支队（简称“华支”）成立，成立之初称“四十八支队”，暗含向八路军、新四军学习之意。“华支”转战菲律宾14个省，与日军作战260余次，歼敌2000余人。

图3-2-1
“华支”部分战士在总部前留影。

图3-2-2

“华支”队旗。队旗中间的中文是“华支”两字，左下边“WHA CHI”是“华支”威妥玛拼音拼写，左上角三颗星代表“华支”的三大纪律，右下边两道横条代表华支的两大任务（抗击日本法西斯、民族解放）。

图3-2-3

菲律宾华侨抗日游击支队的臂章。

图3-2-4

1945年5月28日，菲律宾华侨抗日游击支队队员在八打雁（今菲律宾吕宋岛西南港市）。

图3-2-5
1945年，菲律宾华侨抗日游击支队从马尼拉出发南征，配合盟军肃清残敌。

图3-2-6
菲律宾华侨抗日游击支队第一位女队员林美玉（前排左）和战友们在一起。

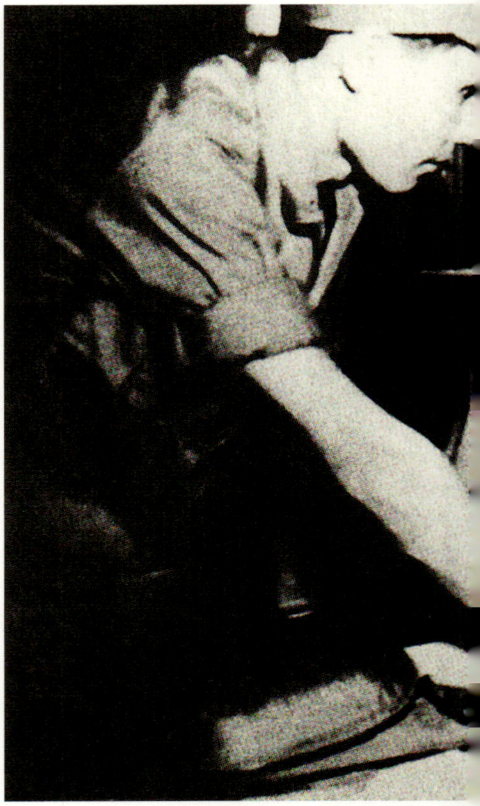

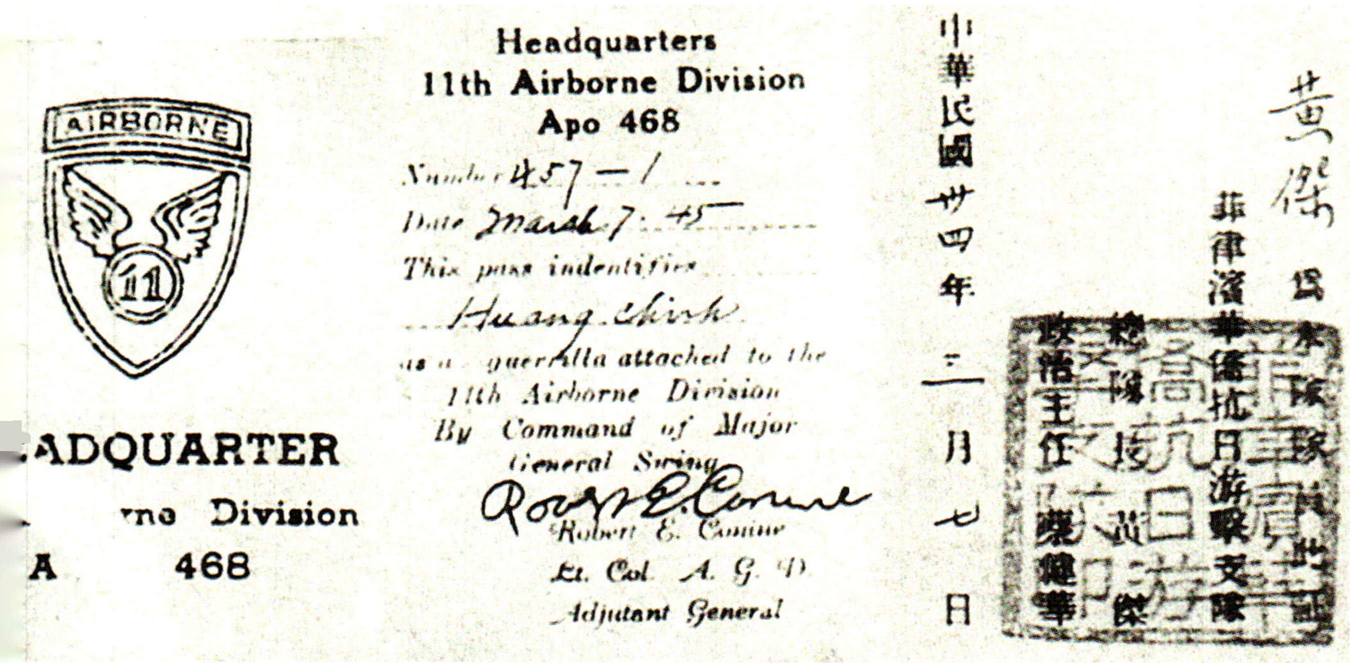

AIRBORNE

11

HEADQUARTER

rne Division

A 468

Headquarters
11th Airborne Division
Apo 468

Number 457-1

Date March 7 '45

This pass indentifies

Huang Chirk

as a guerrilla attached to the 11th Airborne Division

By Command of Major General Swing

Robert E. Conine

Lt. Col. A. G. D.

Adjutant General

中華民國卅四年三月七日

黃傑

菲律濱華僑抗日游擊支隊

總支隊政治主任 蔡建華

图3-2-7（左上）
菲律宾华侨抗日游击支队队长黄杰（王汉杰，右）和政治部主任蔡建华（余志坚，左）在总队部研究作战方案。

图3-2-8（右上）
菲律宾华侨抗日游击支队参谋长陈村生烈士。

图3-2-9（下）
菲律宾华侨抗日游击支队队员证。

（三）马来亚人民抗日军

日军占领马来亚（今马来西亚和新加坡）后，华侨和当地居民组织马来亚人民抗日军（简称“民抗军”），进行抗日斗争。“民抗军”的主要领导人和大部分战士都是华侨，约7000人，与日军作战300多次，毙伤日军5500余人，1000多名华侨战士牺牲。

图3-3-1
马来亚人民抗日军战士。

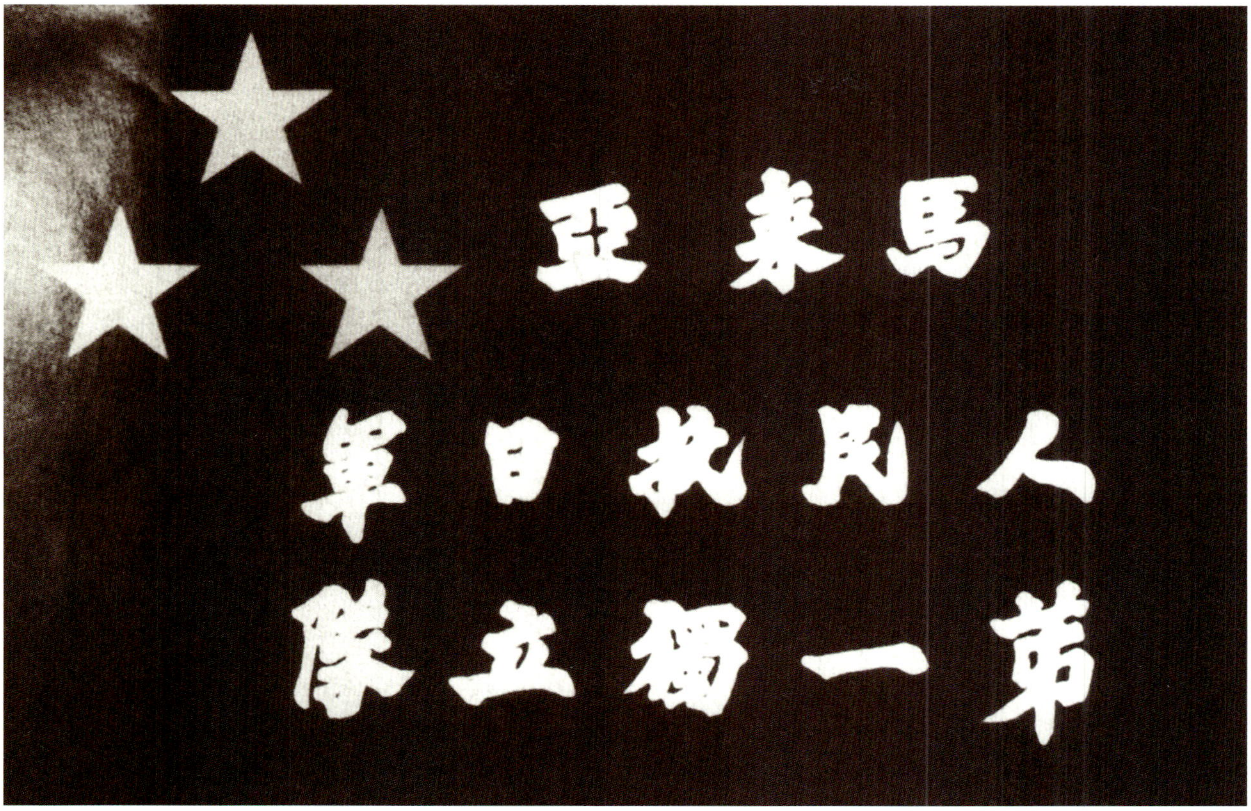

图3-3-2
马来亚人民抗日军第一独立队队旗。

图3-3-3
马来亚人民抗日军集合了亚洲不同族裔的战士。

图3-3-4
马来亚人民抗日军第一独立队政委刘尧。

（四）东南亚其他华侨华人抗日力量

图3-4-1

梁后宙，马来亚（今马来西亚和新加坡）华侨，1940年，曾掩护两个秘密电台与重庆保持联络通讯。1941年底，日军进攻北马，他组织华侨成立抗日守备军，协助英军抵御日军，直到新加坡沦陷前夕才撤退并辗转回到福建南安故乡，而他留在武吉知马（现为新加坡著名自然保护区）的亲属男女老幼35人，均被日军杀害。

图3-4-2

太平洋战争爆发后，新加坡近60万华侨行动起来，参与到抗日斗争之中。1941年12月30日，南侨总会在新加坡成立华侨抗敌动员总会，不久又组建了千余人的华侨义勇军。图为义勇军训练的场景。

1943年，英军与中国国民政府联合组织136部队，称为“马来亚136部队”，其成员大部分为华侨。他们先在印度和斯里兰卡等地接受训练，然后在马来亚（今马来西亚和新加坡）登陆进行情报和游击活动。

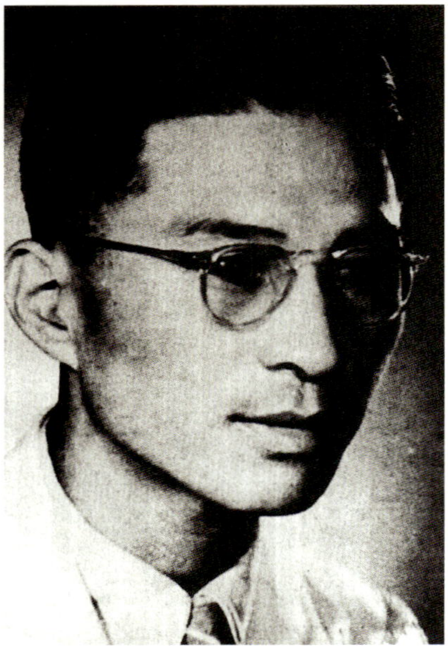

图3-4-3

136部队马来亚（今马来西亚和新加坡）区区长林谋盛（福建南安籍），1944年3月被捕，同年6月牺牲，后被中国国民政府追认为少将。

图3-4-4

136部队联络官在斯里兰卡基地受训时合影。

图3-4-5

太平洋战争爆发后，日寇很快占领马来亚（今马来西亚和新加坡）内陆地区，新加坡华侨成立星洲华侨抗敌后援会，下设保卫团、劳工服务团、民众武装部——即星华义勇军等。他们以极低劣的武器与强敌周旋。图为星华义勇军在操练。

图3-4-6

1943年，华侨郭益南等在英属北婆罗洲（今马来西亚沙巴）组织神山游击队，进行抗日斗争，郭益南等170余人遭日军屠杀。图为战后当地群众为牺牲的游击队员举行公葬。

图3-4-7

苏门答腊岛的华侨在太平洋战争爆发后成立了两个抗日秘密组织——苏岛华侨抗敌协会（简称“华抗”）和苏岛人民抗敌会（后改为苏岛人民反法西斯同盟，简称“反盟”）进行地下抗日活动。1943年9月20日，日军在苏岛全境进行大搜捕，两个抗日组织的多人被捕，陈吉海、周斌等11位领导和骨干被日军杀害。

图3-4-8

菲律宾华侨组建了战时血干团、战时特别工作队等，进行抗击日军斗争。图为菲律宾华侨战时血干团干部合影。

图3-4-9

以华侨为主力的菲律宾青年抗日迫击团以地下斗争、武装游击等方式抗击日军侵略。图为总队长林南敏与美军联络官合影。

图3-4-10

美军收复菲律宾，青年抗日迫击团配合美军抗击日军，被编为399部队。图为迫击团出征前。

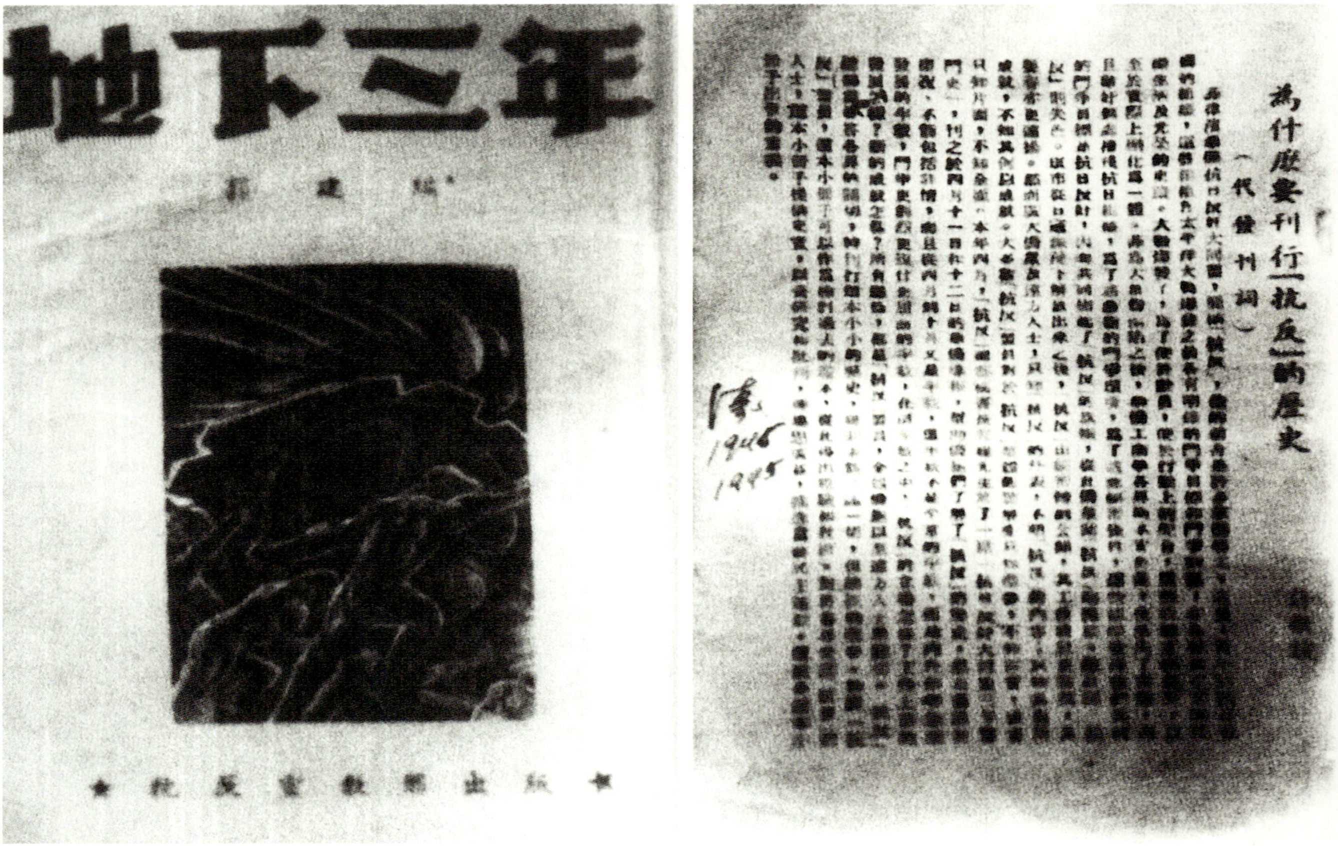

图3-4-11

菲律宾华侨抗日反奸大同盟（简称“抗反”）也在抗击日军、振奋侨胞方面起到了积极作用。图为该组织三周年纪念册。

（五）华侨支持中国远征军

1942年，10万中国远征军在缅甸惨败，重组后分别驻守印度、怒江。两年后该军进行反攻，以牺牲20万人的代价取得胜利，这是“九一八事变”以来中国军队取得的第一次战略反攻胜利，第一次全歼入侵之敌，腾冲是该军光复的第一座县城。

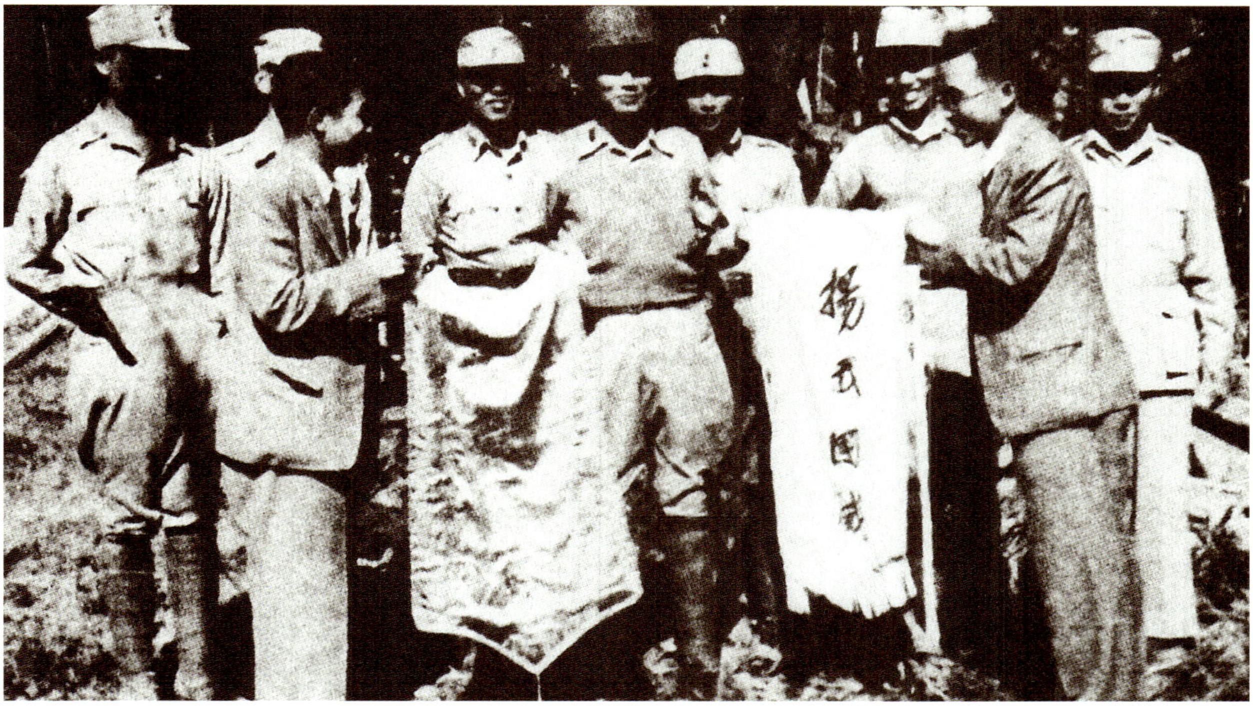

图3-5-1
印度华侨代表在滇缅战场八莫前线，向中国远征军孙立人军长（右五）献旗。

图3-5-2
缅甸华侨向在南坎战役中取得胜利的中国驻印度部队——新编第一军第30师献旗。

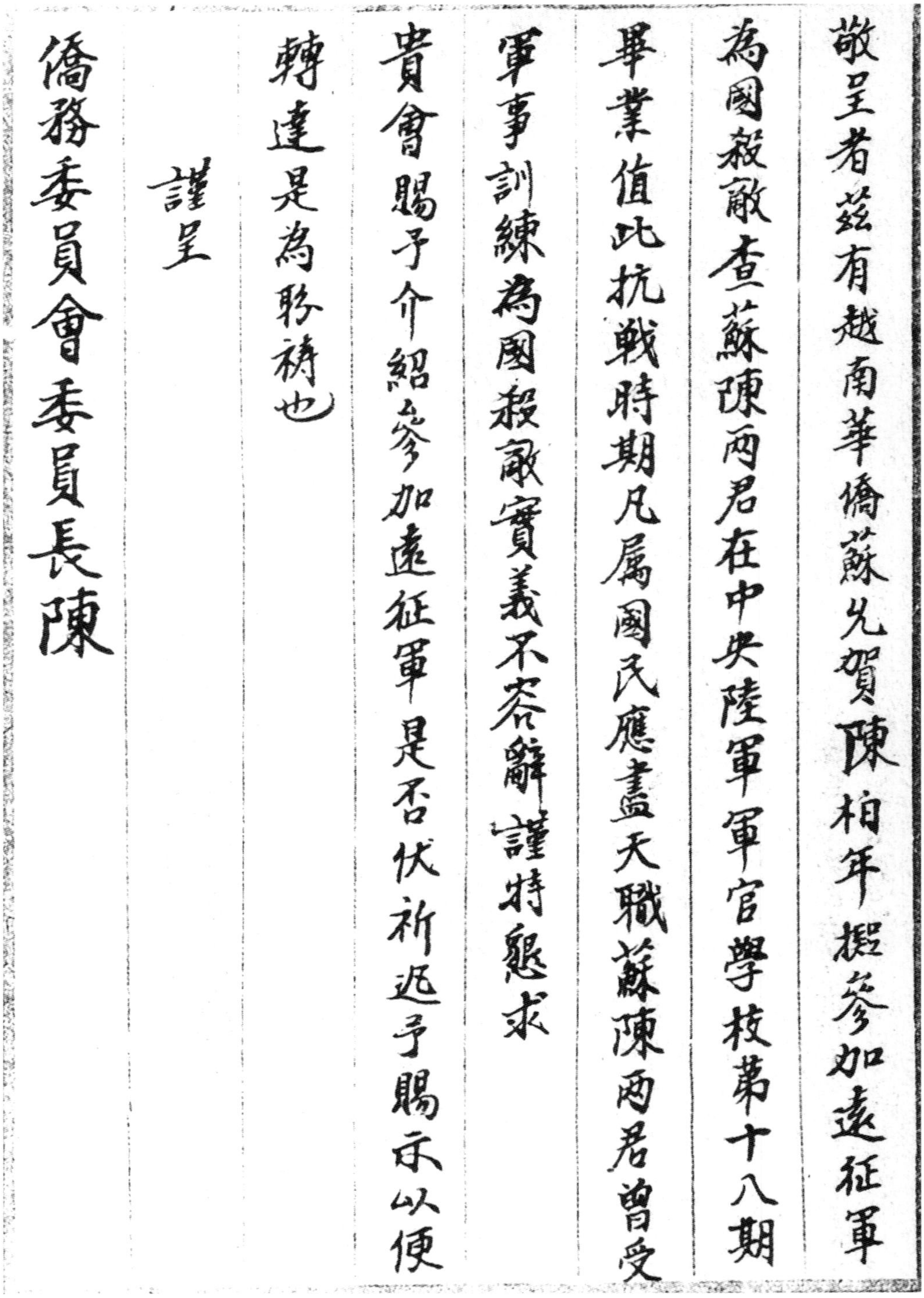
敬呈者茲有越南華僑蘇先賀陳柏年擬參加遠征軍
為國殺敵查蘇陳兩君在中央陸軍軍官學校第十八期
畢業值此抗戰時期凡屬國民應盡天職蘇陳兩君曾受
軍事訓練為國殺敵實義不容辭謹特懇求
貴會賜予介紹參加遠征軍是否伏祈迅予賜示以便
轉達是為盼禱也
謹呈
僑務委員會委員長陳

图3-5-3

许多回国在中国军校学习毕业的华侨青年，主动申请参加中国远征军赴缅甸作战。图为国民政府侨务委员会介绍两位华侨青年参加远征军的信函。

（六）苏联红军“中国旅”

1942年8月1日，“苏联远东红旗军第88独立步兵旅”正式成立。由于第88旅主要由中国东北抗联军战士组成，因此这支部队也被称为“中国旅”。

东北抗日联军是中国共产党领导下的一支部队。这支部队在东北三省，经过多年的艰苦斗争，牵制了数十万日伪正规军，有力地支援了全国的抗日战争。从1939年到1940年，东北抗日联军的游击战转入极其艰苦的阶段，部队缩编，化整为零开展小型游击战斗，保存了一部分精华和骨干力量，后进入苏联境内整训。在苏联整训期间抗联仍不断派小部队深入国内进行游击战，直到1945年8月，他们配合苏军重新进入东北，在解放东北的斗争中起到了重要作用。

图3-6-1
1944年，在前苏联哈巴罗夫斯克（今伯力），瓦西里·伊万诺夫等人与被编入“中国旅”的中国将士合影。前排右一为伊万诺夫，右二为金日成，右三为周保中，右五为李兆麟。

图3-6-2
1945年7月，“中国旅”部分军官合影。

图3-6-3
1945年11月，“中国旅”四位抗联女战士在牡丹江相逢之后的合影。左起邢德范、庄风、宋桂珍、柳明玉。

图3-6-4
“中国旅”柴世荣大尉（前排左二）、季青上尉（前排右二）、沈凤山（前排右一）等指战员的合影。

（七）西班牙国际纵队

1936～1939年，西班牙爆发内战，许多国家的人民组成了“国际纵队”，支援西班牙人民对抗西班牙法西斯军队与德、意法西斯武装。“国际纵队”中也有中国志愿军。

图3-7-1

1936年，西班牙内战中反佛朗哥法西斯统治的中国志愿军中大多是侨居欧美各国的华工。

图3-7-2

1938年，中共中央托人从延安带了一面锦旗赠给“国际纵队”中的中国志愿军战士。

图3-7-3
1939年，部分“国际纵队”战士受困于法国集中地，他们身后是朱德等人赠送的锦旗。

图3-7-4
陈文饶参加“国际纵队”前的留影。

图3-7-5
“国际纵队”中的中国志愿军战士登上了西班牙杂志《Estampa》的封面。

图3-7-6
“国际纵队”中的中国志愿军战士刘景田在西班牙战场抢救伤员。

（八）华侨参加诺曼底登陆战

骆家辉：美籍华裔政治家，民主党党员。1950年1月21日出生于美国华盛顿州西雅图市，祖籍广东台山。1996年、2000年连续两届当选华盛顿州州长，2009年就任第36任美国商务部长，2011年8月1日就任美国驻华大使。是首位当选美国州长的华裔美国人。

图3-8-1
骆家辉的父亲骆荣硕，1917年在广东台山出生，13岁随父母去美国，1941年至1945年间在美国军队服役，曾赴欧洲作战，隶属于巴顿将军的陆军第十分队，参加了1944年的诺曼底登陆战。

图3-8-2
骆荣硕与骆家辉的合影。

图3-8-3

骆荣硕（中）参加诺曼底登陆战之后的留影。

图3-8-4

欧阳金海，祖籍广东中山，18岁参加诺曼底登陆战，在诺曼底战场上两度负伤，后荣获两枚紫心勋章。图为欧阳金海二战期间与父亲的合影。

（九）华侨在欧洲作战

图3-9-1

美国华裔军人容罗伯在缴获的德国坦克上。

图3-9-2

美国空军轰炸机华人飞行员熊为，多次深入德国执行轰炸任务。

图3-9-3

英勇牺牲的华人轰炸机机长雷泉吉（左四）。

In grateful memory of

Private First Class Chin S. Ngew, A.S.No. 42003415,

who died in the service of his country at

in the European Area, August 9, 1944.

He stands in the unbroken line of patriots who have dared to die

that freedom might live, and grow, and increase its blessings.

Freedom lives, and through it, he lives—

in a way that humbles the undertakings of most men

Franklin D. Roosevelt

President of the United States of America

THE UNITED STATES OF AMERICA

TO ALL WHO SHALL SEE THESE PRESENTS, GREETING:

THIS IS TO CERTIFY THAT
THE PRESIDENT OF THE UNITED STATES OF AMERICA
PURSUANT TO AUTHORITY VESTED IN HIM BY CONGRESS
HAS AWARDED THE

PURPLE HEART

ESTABLISHED BY GENERAL GEORGE WASHINGTON
AT NEWBURGH, NEW YORK, AUGUST 7, 1782
TO

Private First Class Chin S. Ngew, A.S.No. 42003415,

FOR MILITARY MERIT AND FOR WOUNDS RECEIVED
IN ACTION

resulting in his death August 9, 1944.

GIVEN UNDER MY HAND IN THE CITY OF WASHINGTON
THIS 17th DAY OF November 1944

PRIVATE FIRST CLASS CHIN S. NGEW A. S. No. 42003415

美國紀念狀

誠懇紀念

陳景瑤中士 第四二〇〇三四一五號

盡忠報國

於一九四四年八月九日在歐洲戰場殉難

忠勇為國使戰陣不能攻破至死不渝

自由長存 陳烈士之英魂亦長存

為千秋萬世後人所敬仰

美國總統羅斯福

美國獎狀

邦為美國總統遵照國會授權贈給

中士陳景瑤 第四二〇〇三四一五號

九日為國捐軀

一九四四年十一月十七日

美國陸軍部長史汀生

图3-9-4

陈景瑶中士获得的尽忠报国纪念状及紫心勋章证书。

图3-9-5

美籍华人陈景瑶中士，1944年牺牲于欧洲战场。

图3-9-6

唐铎，1925年赴苏联学习飞行和通信技术，毕业于茹可夫斯基空军工程学院，任苏军少校，后参加苏联卫国战争，1945年在列宁格勒和加里宁格勒空战中表现英勇，升任中校教官，并获得了列宁金质奖章。在新中国千余名开国将军中，唐铎将军是唯一驾驶战鹰打击过德国法西斯的“飞将军”。

（十）美国华人参军

在战火较少波及的美洲、非洲等地，海外华侨华人通过印制宣传品、报刊、集会演讲等方式向各地民众宣传，并且重视发挥文艺的战斗作用，呼吁世界人民维护正义。通过他们的广泛宣传，不仅唤起了侨众，而且赢得了侨居国人民的同情和支持。此外，积极参军，直接投身到世界反法西斯战争中的华侨华人也不在少数。

图3-10-1
美国华裔海军造船厂女工杨洛妮。

图3-10-2
在第二次世界大战期间，美国共有13000多名男性华人参军，占当时美国华侨华人男性总数的20%以上。图为华人参军时的宣誓仪式。

图3-10-3
美国海军华人女水手李温恩（右一）与美国战友。

图3-10-4
华裔空军中尉Fred Gong（前中者），二战时在地中海战区服役，担任一架B17空中堡垒的首席投弹员。Fred Gong获得过杰出飞行勋章，并四次获得航空奖章。

图3-10-5
二战期间美军中的部分华人。

图3-10-6

美国洛杉矶华裔女子隋多利参加美国妇女志愿队。图为隋多利（前中者）与美国飞行员在一起。

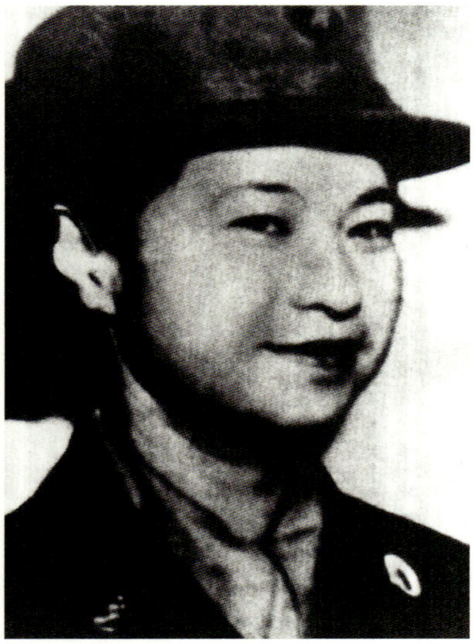

图3-10-7

美国陆军后勤部队的华人女兵。

图3-10-8

李月英，美国华裔女飞行员，祖籍广东台山。1943年8月，美国成立妇女飞行队，李月英成为首届学员。1944年后，李月英在德州的驱逐机飞行学院接受了多种单引擎战斗机的飞行训练，毕业后受命执行飞行任务，是少数为美军运送过战斗机的女飞行员。1944年11月25日，在执行任务中不幸丧生，年仅32岁。

图3-10-9

朱美娇，美国华裔空军女飞行员，祖籍广东台山。1944年2月，成为继李月英之后加入妇女飞行队的第二个华裔妇女，也是全班107名女青年中唯一的华人。此外，她还是美国国家实验室的物理学家。

图3-10-10

张瑞芬，广东恩平人，1931年以优异成绩考入林肯航空学校，1935年取得国际飞行执照。1937年自购一架“莱恩”飞机飞遍美国华人社区进行宣传募捐，支持祖国抗日战争。

（十一）加拿大华人参军

图3-11-1

参加世界反法西斯战争的加拿大华裔军人。

图3-11-2

加拿大华人郑天华兄弟二人参军。

图3-11-3

二战期间，加拿大温哥华华人黄炯棠应召入伍。图为1942年黄炯棠在太平洋新几内亚战场检视日军留下的弹药。

图3-11-4

加拿大哥伦比亚省维多利亚市华侨居民陈塾(右一)与家人合影。陈塾的三个儿子参军并分别被派往南太平洋战场参加反法西斯战争。

图3-11-5

华人高氏兄妹四人加入加拿大军队。

（十二）澳大利亚华人参军

图3-12-1
澳大利亚一梁姓华侨家的两姐妹和弟弟均参加反法西斯战争，图为临行前的全家福。

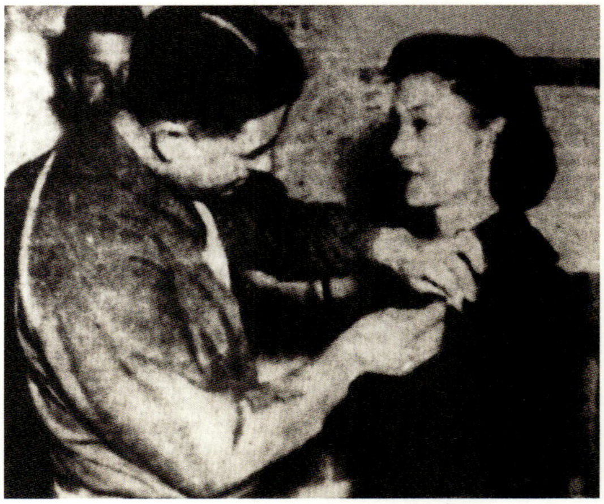

图3-12-2
飞虎队陈纳德将军为澳大利亚华人阮莲懿颁发美国空军文官徽章。

图3-12-3
1943年澳大利亚华人刘波（后排左一）在斯里兰卡参加盟军海上作战时与战友的合影。

图3-12-4

澳大利亚华人廖润来与战友在军舰上。

图3-12-5

澳大利亚华人廖润来在新几内亚看管投降的日本兵。

图3-12-6

澳大利亚皇家空军第83中队的华人军官罗杰恩（前排右一）。

图3-12-7

澳大利亚华人杰克·苏（译音）加入盟军，从事敌后侦察工作。图为杰克·苏（左二）与同事在沙巴丛林总部。

图3-12-8
澳大利亚华人女兵。

图3-12-9
参加澳大利亚皇家空军的华人战士在战后的合影。

（十三）文学巨匠 爱国烈士

图3-13-1
1939年著名歌唱家、演员王莹（左二）与郁达夫（右二）等在新加坡的合影。

图3-13-2
1944年，郁达夫怀抱儿子郁大亚在苏门答腊的留影。

图3-13-3
郁达夫的台儿庄劳军之行。图为郁达夫（右）与郭沫若（中）、斯诺（左）的合影。

郁达夫：中国现代著名小说家、散文家，也是一位为抗日救国而捐躯的爱国义士。夏衍在《忆达夫》一文中曾提到，1947年2月，他到新加坡时，陈嘉庚曾对他说：“达夫先生不仅掩护了我，还援救了许多被捕的侨领。”郁达夫当日语翻译期间，利用日本宪兵不懂印尼语和中文，帮助了许多人。日本投降后，宪兵要在当地接受审讯，郁达夫是著名文学家，在战犯法庭上，他是一个最有力的证人。为了毁灭日本宪兵残暴罪行的见证，1945年9月19日郁达夫惨遭暗杀。胡愈之曾说：“在中国文学史上，将永远铭刻着郁达夫的名字，在中国人民反法西斯战争的纪念碑上，也将永远铭刻着郁达夫烈士的名字。”

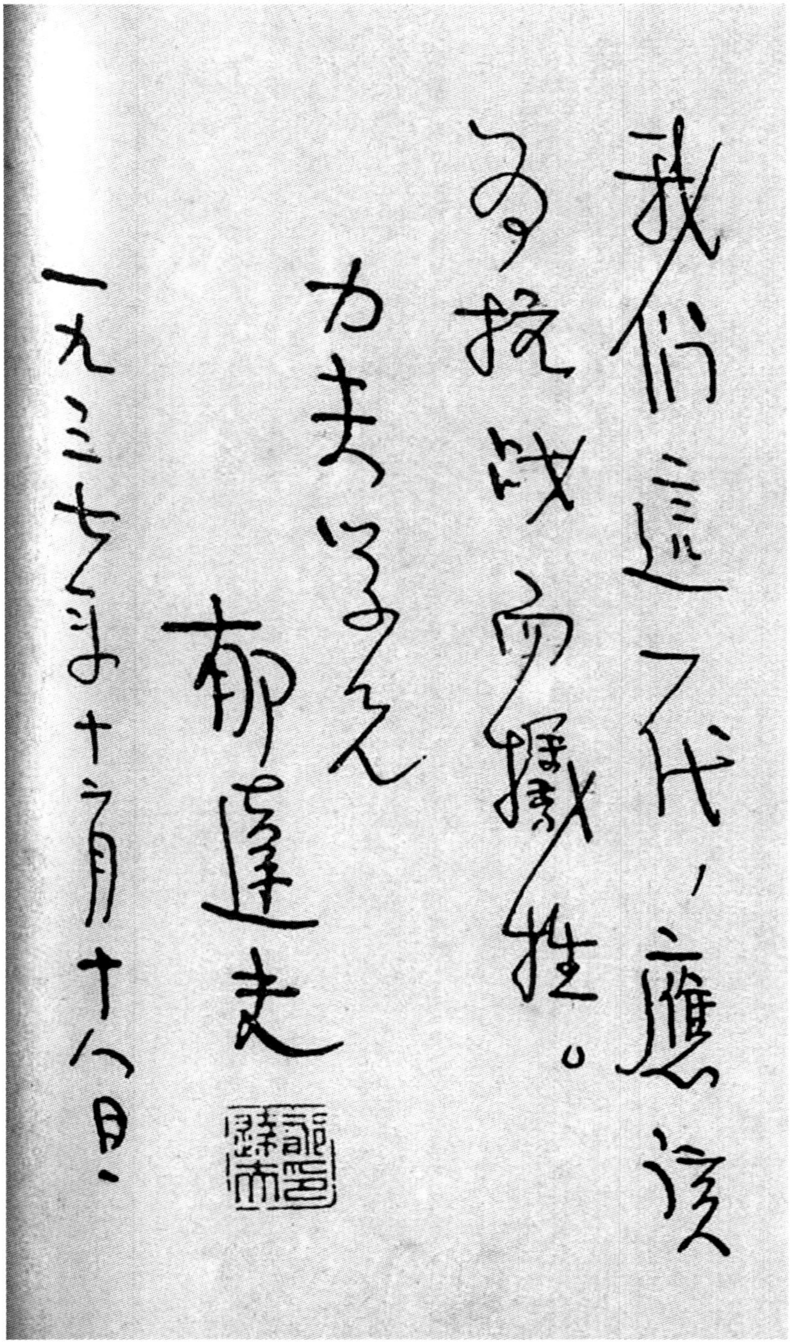

图3-13-4
郁达夫的抗日题词。

（十四）绵薄之力 虎口救人

钱秀玲：比利时华侨，社会活动家。第二次世界大战期间，在比利时从德国法西斯统治下救出近百名比利时人，被誉为“女辛德勒”。二战后，为表彰其义举，比利时政府授予她“国家勋章”，比利时艾克辛市将市中心的一条大道命名为“钱夫人路”。

图3-14-1
1950年，钱秀玲送给艾克辛市政府的照片。

图3-14-2
钱秀玲送给艾克辛市政府的照片。

图3-14-3

钱秀玲的堂兄钱卓伦曾与当时比利时德军占领区最高长官冯·法尔肯豪森私交甚好。当年，钱秀玲就是拿着这张照片去找冯·法尔肯豪森营救被捕的比利时人。图为钱秀玲的堂兄钱卓伦。

图3-14-4

被钱秀玲营救出来的部分比利时人离开纳粹集中营后的合影。

（十五）投身科研 武器制胜

图3-15-1
1945年4月，钱学森随导师冯·卡门拜访冯·卡门的导师——空气动力学家普朗特。图为钱学森（中）、冯·卡门（右）和普朗特（左）三人会见时的合影。

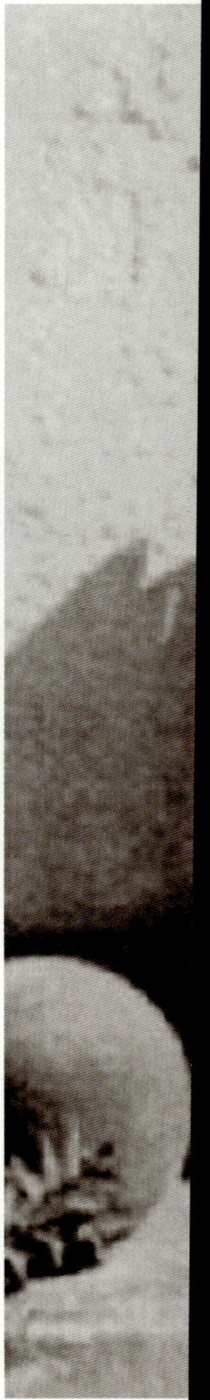

图3-15-2
身着美军军服的钱学森（右一）在讨论相关计划草案发言前和同事在加州理工学院古根海姆办公楼前留影。

钱学森：享誉海内外的杰出科学家和中国航天事业的奠基人，中国“两弹一星”功勋奖章获得者。第二次世界大战中后期，钱学森已是美国最顶尖的空气动力学家、航空工程与火箭技术专家。他的导师冯·卡门说，钱学森的研究成果为美国航空工业和火箭技术提供了“强大的发展动力”。美军航空母舰和太平洋小岛短跑道上军用飞机和重型轰炸机配备的火箭助推器，是钱学森的科研成果之一。

吴健雄：核物理学家、美籍华人、被称为“东方居里夫人”。吴健雄选择原子核衰变作为其研究课题，并“在这个重要但相当繁复困难的领域”享有权威地位。二战期间，她曾获特殊的保密许可，以外国人身份，参与美国研制原子弹的“曼哈顿计划”。她也是参与该计划的唯一的女科学家，为打败日本法西斯的最后一击贡献了力量。

图3-15-3
吴健雄在实验室。

图3-15-4
1943年，吴健雄（前中者）在普林斯顿大学任讲师，给国防计划的军官讲授物理学。前右一为华人科学家李政道。

第四部分

欢庆胜利

中国人民抗日战争暨世界反法西斯战争经过艰苦卓绝的斗争终于取得了最后的胜利。世界各地的华侨华人与所在国人民共同庆祝这一来之不易的胜利。

（一）最后的胜利

1945年9月2日，日本政府代表在美国战舰“密苏里”号的甲板上签署无条件投降书，至此，中国人民抗日战争暨世界反法西斯战争正式结束。中国以及世界都是一片欢庆的海洋，海内外的中华儿女在世界各地共同庆祝最终的胜利。

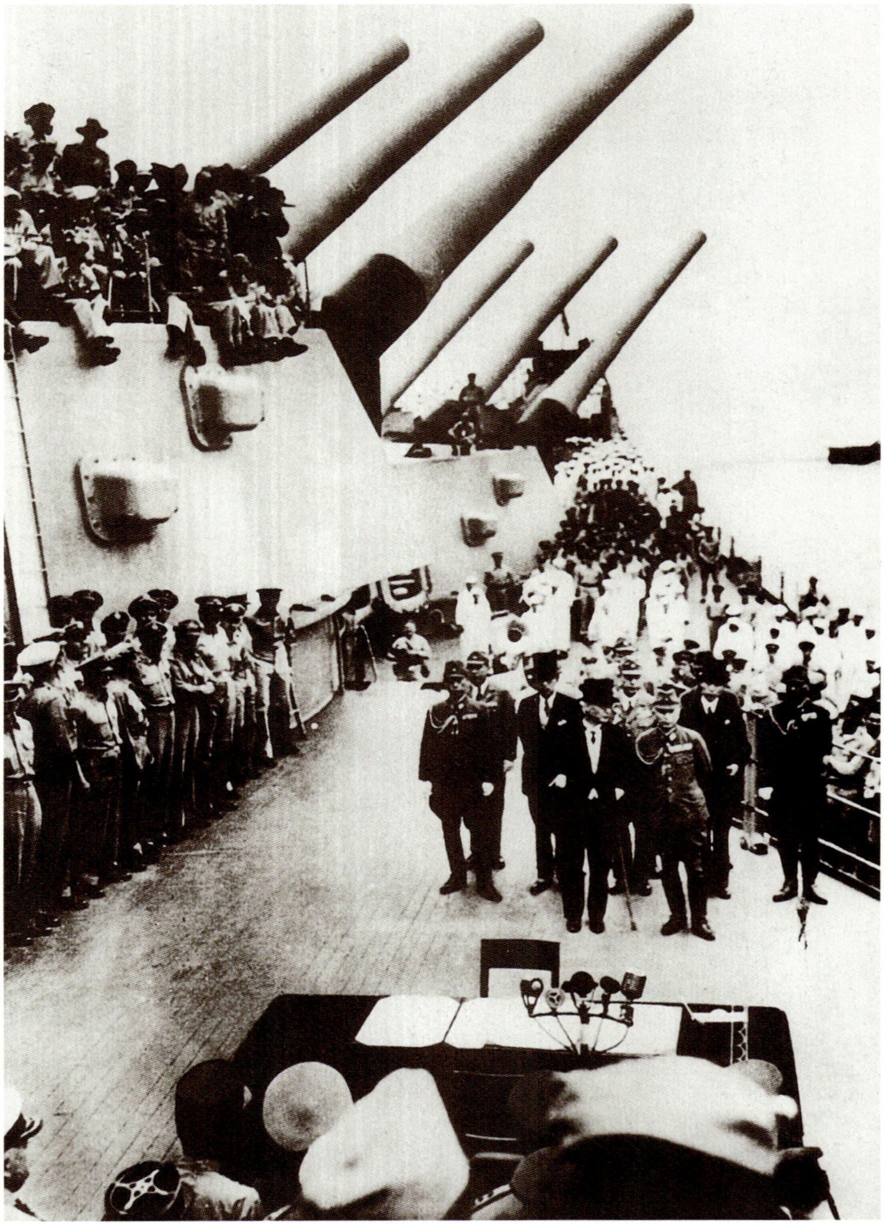

图4-1-1
1945年9月2日，日本政府代表在“密苏里”号战舰签署投降书。

图4-1-2
1945年9月9日，中国战区受降仪式在南京举行。小林浅三郎代表冈村宁次将两份投降书呈递何应钦上将。

图4-1-3
日本军官在新加坡签署投降书。

图4-1-4
日军在马来亚（今马来西亚和新加坡）缴械。

（二）胜利的喜悦

图4-2-1
美国纽约华侨和当地民众欢呼二战胜利。

图4-2-2
美国夏威夷华侨庆祝二战胜利。

图4-2-3

新加坡华侨和当地民众欢庆胜利。

VICTORY AND

图4-2-4
美国波士顿华侨举行大游行庆祝二战胜利。

图4-2-5（上）
日本投降后马来亚（今马来西亚和新加坡）人民集会庆祝胜利。

图4-2-6（下）
1946年4月，马来亚人民抗日军及136部队代表赴英参加庆祝胜利活动，受到英军蒙巴顿上将的欢迎。

图4-2-7
英国伦敦华侨举行庆祝二战胜利大游行。

图4-2-8

欢庆二战胜利的新加坡华侨和当地民众。

图4-2-9

1945年9月5日，斐济群岛苏瓦埠华侨华人举行庆祝二战胜利大游行。

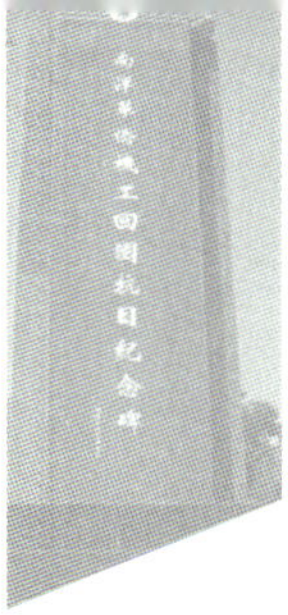

第五部分

永远的纪念

时间已经过去70年了，世界各地采取不同的方式来纪念在这场保卫人类正义与和平的战争中作出巨大贡献与牺牲的先烈。

（一）世界各地的纪念碑

战争结束后，为纪念华侨华人在中国抗日战争暨世界反法西斯战争中所作出的贡献与牺牲，相关国家政府和民众建立起一座座纪念碑，以警示后人铭记历史，缅怀先烈。

图5-1-1
南洋华侨机工回国抗日纪念碑。

图5-1-2
滇西抗日战争纪念碑。

图5-1-3

马来西亚雪兰莪华侨机工回国抗战殉难纪念碑。

图5-1-4

原中国国民政府驻马尼拉总领事杨光泩等九烈士殉国纪念碑。

图5-1-5

马来西亚槟榔屿华侨抗战纪念碑。

图5-1-6

马来西亚森美兰蒙难同胞纪念碑。

图5-1-7

菲律宾华侨抗日烈士纪念碑。

图5–1–8
菲律宾仙沓古律市华侨抗日游击支队烈士纪念碑。

图5-1-9

1946年在马来亚黑风洞双溪都亚（今马来西亚雪兰莪州黑风洞）建立的九一烈士纪念碑。

（二）抗日战争时期华侨人口、财产损失统计（部分）

抗战期间部分地区华侨人口死亡统计			
侨居地	战前原有人口	战时死亡百分率	共计死亡人数
荷属东印度（今印度尼西亚）	1344809	2%	27000
英属马来亚（今马来西亚和新加坡）	2358335	3%	71000
菲律宾	117463	10%	12000
暹罗（今泰国）	2500000	3%	75000
安南（今越南）	462466	2%	9000
缅甸	193594	10%	19000
英属北婆罗洲（今马来西亚沙巴）	68034	2%	1000
日本	20000	10%	2000
总　计	7064701		216000

抗战时期部分地区华侨财产损失统计

侨居地	战前原有财产	战时损失百分率	共计损失价值
荷属东印度（今印度尼西亚）	1166567000	40%	466627000
英属马来亚（今马来西亚和新加坡）	924031000	50%	462015000
菲律宾	356381000	90%	300743000
暹罗（今泰国）	879588000	40%	351835000
安南（今越南）	444340000	50%	222176000
缅甸	115800000	90%	104220000
英属北婆罗洲（今马来西亚沙巴）	40800000	40%	16320000
日本	12000000	90%	10800000
总　计	3939507000		1954736000

说明：本表系根据各地战前原有人口财产数字，参照报章杂志揭载战况灾情的程度估计而成，作为临时参考之用。

资料来源：国民政府侨务委员会编：《三十五年度侨务统计辑要》，台湾侨务委员会资料。

结束语

70年过去了，硝烟早已散尽，当事者陆续逝去，华侨华人在抗日战争和世界反法西斯战争中的事迹渐渐变得含混模糊，战争过往也被尘封到一张张发黄老旧的照片中。但是，历史不能就此消亡，海内外中华儿女的英勇牺牲不能就此湮灭。正所谓：

风雨如晦，寰宇震惊；匡扶正义，仰赖同群。
捐躯洒血，浩气干云；国家康定，世界维新。
昭昭前事，惕惕后人；不朽英烈，万古长存！

当我们生活在他们流血牺牲所带来的和平阳光下，当我们沐浴在他们拳拳赤子之心所鼓荡的春风里，我们谨能以此表达自己最深切的缅怀之情和感恩之心，并且为之鼓舞欣慰，继之以新的奋斗和付出。

附　录

各馆参展文物与参展情况

（一）各馆参展文物

1. 中国华侨历史博物馆

图附-1-1

台湾发行的飞虎队志愿来华50周年纪念邮票、庆祝抗战胜利台湾光复50周年纪念邮票、抗战纪念章、“还我河山”胸牌。

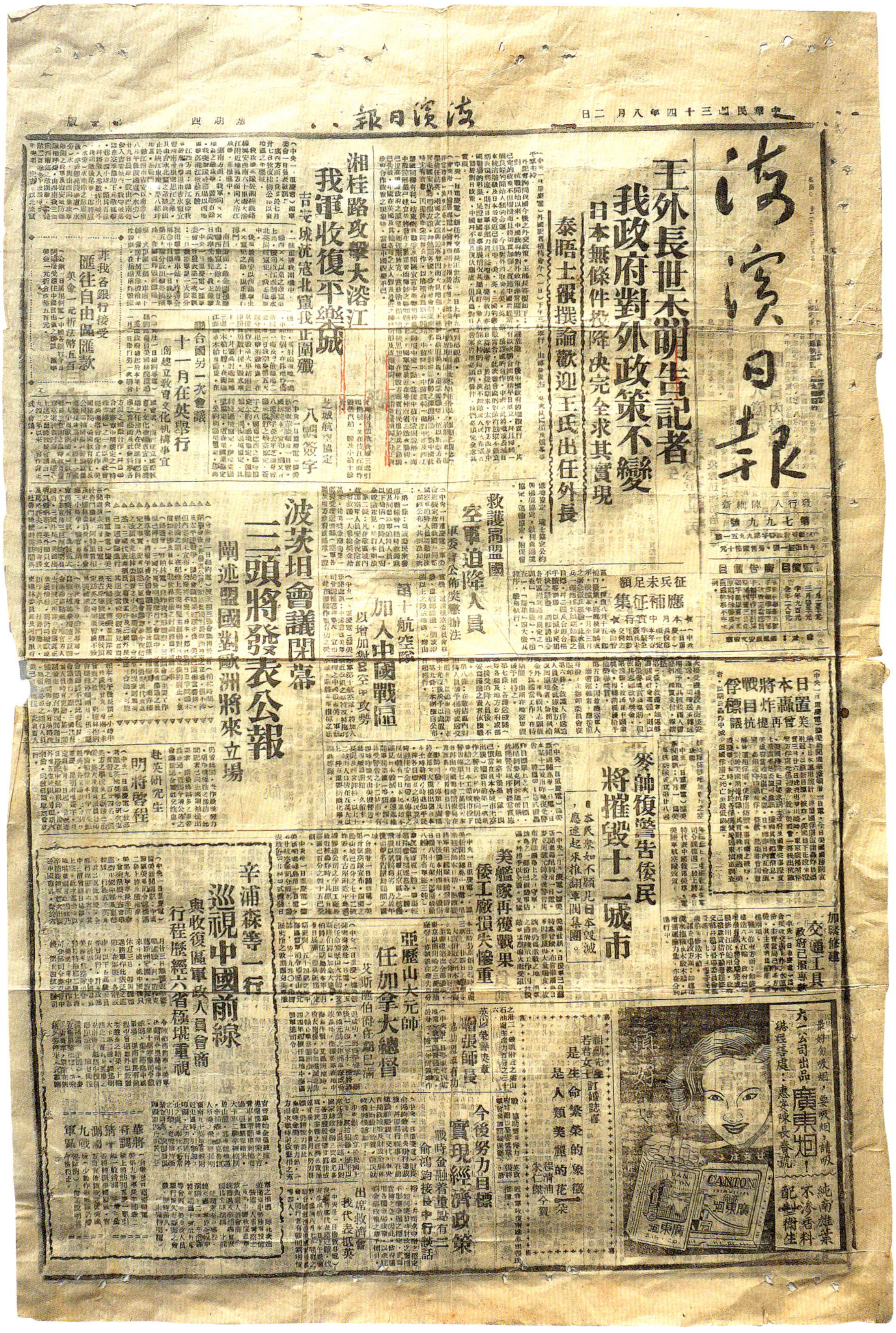
海濱日報

中華民國三十四年八月二日

第七九九號

王外長世杰明告記者
我政府對外政策不變
日本無條件投降決完全求其實現
泰晤士報撰論歡迎王氏出任外長

湘桂路攻擊大浴江
我軍收復平樂城

波茨坦會議閉幕
三頭將發表公報
闡述盟國對歐洲將來立場

麥帥復警告倭民
將摧毀十二城市

辛浦森等一行
巡視中國前線

亞歷山大元帥
任加拿大總督

美艦隊再獲戰果
倭工廠損失慘重

今後努力目標
實現經濟政策

图附—1—2

抗日战争胜利前夕，《海滨日报》第七九九号关于敦促日本无条件投降的相关报道。

图附–1–3

美国《LIFE》杂志（1942年5月4日）中刊载的有关抗日战争中中国空军英勇迎击日本侵略者的文章。

2. 广东华侨博物馆

图附-1-4
1931年，中国国民党国民革命军空军总司令部特别党部出版的《奋飞月刊》创刊号及美国衣馆联合会出版的《打回老家》剧本等华侨抗日文献资料。

图附-1-5
抗日战争时期国民政府发行的救国公债。

图附-1-6
抗日战争时期国民党海外部发行的半月刊《华侨先锋》。

（二）各馆展览开幕式及观众观展情况

1．中国华侨历史博物馆

图附-2-1
2015年8月21日，“中国人民抗日战争暨世界反法西斯战争中的华侨华人”图片展开幕式上，中国侨联副主席康晓萍同志讲话。

图附-2-2
出席“中国人民抗日战争暨世界反法西斯战争中的华侨华人”图片展开幕式的领导，左起：镇翔、陈丽华、李昭玲、谭天星、康晓萍、徐光华、黄纪凯。

图附-2-3

中国华侨历史博物馆黄纪凯馆长陪同嘉宾参观“中国人民抗日战争暨世界反法西斯战争中的华侨华人”图片展。

图附-2-4

“中国人民抗日战争暨世界反法西斯战争中的华侨华人”图片展开幕式当天，中国华侨历史博物馆黄纪凯馆长接受中央电视台采访。

图附-2-5
“中国人民抗日战争暨世界反法西斯战争中的华侨华人”图片展开幕当天北京一位观众在参观展览。

图附-2-6
参观“中国人民抗日战争暨世界反法西斯战争中的华侨华人”图片展的老人和孩子。

2. 广东华侨博物馆

图附-2-7

2015年8月14日，广东省侨办副主任林琳在广东华侨博物馆举办的“中国人民抗日战争暨世界反法西斯战争中的华侨华人”图片展开幕式上致词并宣布展览开幕。

图附-2-8

2015年8月14日，中国博物馆协会华侨博物馆专业委员会副主任委员、广东华侨博物馆王明惠馆长主持“中国人民抗日战争暨世界反法西斯战争中的华侨华人”图片展开幕式。

图附-2-9

“中国人民抗日战争暨世界反法西斯战争中的华侨华人”图片展开幕前，南侨机工张伟民向媒体讲述当年回国参战的经历。

图 附-2-10

2015年8月23日，广州电视台记者到广东华侨博物馆采访、拍摄“中国人民抗日战争暨世界反法西斯战争中的华侨华人”图片展。图为王明惠馆长接受记者采访。

图附-2-11

广东华侨博物馆王明惠馆长向出席开幕式的领导、嘉宾和新闻媒体记者、归侨侨眷代表讲解“中国人民抗日战争暨世界反法西斯战争中的华侨华人”图片展。

图附-2-12

“重走南粤抗战路”媒体报道团在展厅采访广东华侨博物馆王明惠馆长。

3.中国客家博物馆

图附-3-13

2015年8月10日，广东省文化厅厅长方健宏、省文物局副局长曹劲莅临中国客家博物馆参观“世界反法西斯战争中的华侨华人——纪念世界反法西斯战争胜利70周年”图片展。

图附-2-14

2015年8月6日，梅州市文化广播系统相关单位的100多位干部职工在中国客家博物馆听讲解员讲解“世界反法西斯战争中的华侨华人——纪念世界反法西斯战争胜利70周年”图片展。

图附-2-15

2015年8月6日，一位父亲带着儿子在中国客家博物馆参观“世界反法西斯战争中的华侨华人——纪念世界反法西斯战争胜利70周年”图片展。

图附-2-16

在中国客家博物馆，一位老人在仔细观看“世界反法西斯战争中的华侨华人——纪念世界反法西斯战争胜利70周年”图片展。

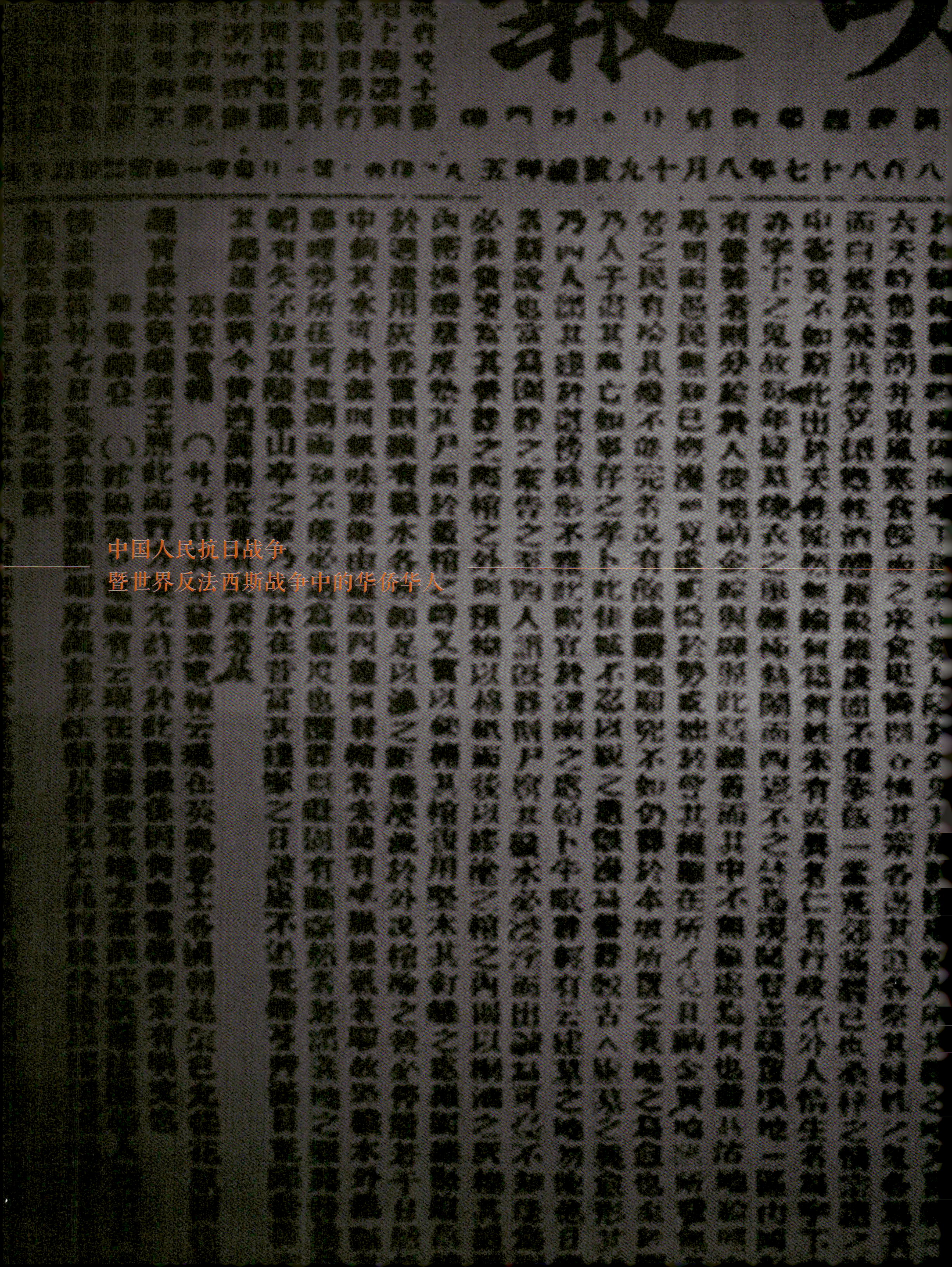

中国人民抗日战争
暨世界反法西斯战争中的华侨华人

后 记

2015年9月3日，是中国首个法定的“中国人民抗日战争胜利纪念日”。为纪念中国抗日战争胜利暨世界反法西斯战争胜利70周年，根据中国博物馆协会华侨博物馆专业委员会部分成员单位在2014年11月厦门年会的动议，在江苏省侨联的大力协助下，中国华侨历史博物馆联合江苏省华侨公益基金会、广东华侨博物馆、泉州华侨历史博物馆、江门五邑华侨华人博物馆、中国客家博物馆、泰州单声珍藏文物馆等七家成员单位，决定于2015年8月至10月间，共同主办“中国人民抗日战争暨世界反法西斯战争中的华侨华人”大型图片巡展，作为专委会的年度合作事项。

此次图片展览旨在整合华侨博物馆专业委员会各成员单位现有相关的文物、文献资源，突出“反法西斯战争中的华侨华人”这一主题。展出内容主要分为抗日战争中的华侨华人及世界反法西斯同盟中的华侨华人两大部分，力图将中国和世界两个视角交汇融合在一起，以清晰的脉络全面展示旅居世界各地的华侨华人积极参与和英勇投身中国人民抗日战争的悲壮历史概貌，以及为世界反法西斯战争胜利所作的贡献，提醒世人勿忘历史、珍爱和平、反对邪恶、匡扶正义。

此次图片展览由江苏省侨联负责展览大纲的起草、文字和图片资料的搜集，各参展单位提供相关资料、文物及宣传支持。专委会秘书处组织人员对大纲进行了修改和审定，并负责照片筛选、文字内容撰写，以及展板形式设计和制作展览电子版发送给各参展单位。各参展单位作为巡展联合主办方，按照该电子版制作展板和相应的展览宣传品，并辅以各自馆藏的相关文物和文献资料，配套展出及确定该展在各馆展出的具体名称。

根据各参展单位签订的《巡展合作备忘录》，巡展结束后，由中国华侨历史博物馆在该图片展览的基础上出版同名画册，并赠与各参展单位和热心于华侨博物馆事业发展的华侨华人、归侨侨眷以资纪念。是为记。

VICTORY